현대중국 이야기

김영찬 지음

신아사

머리말

중국은 1970년대 말부터 시작한 개혁 개방 정책이 성공을 거두면서 현재까지 비약적인 경제 성장을 이루었다. 2010년에는 일본을 제치고 세계 2위의 경제 규모를 가진 국가가 되었고 현재는 4차산업혁명 시대를 맞이하여 산업 구조의 전환을 꿈꾸면서 새로운 도약을 준비하고 있다. 경제가 경이적으로 성장함에 따라 정치적 외교적 위상도 함께 성장하여 적어도 아시아 정치 질서에서만큼은 확실한 존재감을 과시하고 있다. 미국의 트럼프 대통령 취임 이후 벌어지고 있는 미국과 중국 간의 이른바 무역 전쟁은 역설적으로 중국의 강화된 위상을 잘 보여주는 사례라 할 만하다.

중국의 정치 경제적 위상 변화는 우리나라에도 큰 영향을 끼치고 있다. 최근 우리나라와 중국 간에 벌어졌던 사드 배치 관련 갈등과 중국의 대응, 남북 문제에 있어서의 중국의 역할에 대한 논의 등만 보아도 우리의 국제 정치 문제, 경제 문제를 중국을 제외한 채 말하기는 더욱 더 어려워지고 있는 것 같다. 이와 같은 거시적인 측면의 영향 관계뿐만 아니라 각 개인의 생활에 있어서도 중국이라는 나라, 또는 중국 사람과의 교류의 폭과 깊이가 넓어지고 있다. 필자가 거주하는 지역만 해도 한국 사람과 가정을 이루어 이웃으로서 살아가는 중국 사람들을 쉽게 만날 수 있다. 또한 지역에 거주하는 중국 사람들과 중국에 관심을 갖고 있는 사람들을 위한 라디오 방송 프로그램이 편성되어 거의 매일 일정 시간 동안 중국어로 방송되고 있다. 또한 대학생들은 굳이 중국을 가지 않더라도 현재 국내 각 대학이 활발하게 진행하고 있는 중국 유학생 프로그램이나 교환학생 프로그램 등을 통해 국내 대학에 들어와 공부하고 있는 중국 학생들과 쉽사리 어울려 교류하고 있다.

이와 같이 중국의 중요성과 영향력이 점차 커지고 교류의 깊이가 사람들의 일상 생활 수준까지 깊어지면서 일반인 수준에서도 중국이라는 나라에 대해 더 잘 알아야 할 필요성이 커졌다. 중국은 오랜 기간 우리나라와 교류해 온 과거 역사를 생각해 본다면 매우 익숙한 나라일 수도 있다. 우리나라는 중국을 중심으로 하는 동아시아 문명의 영향을 받아 온 것이 사실이며 오랜 기간 중국과의 교류 속에서 문명을 발전시켜왔기 때문에 긴 역사의 맥락에서 보면 세계의 어느 문명보다도 공통점이 많다고 할 수 있다. 그러나 20세기 중반 이후부터 우리가 살고 있는 현재까지는 상황이 조금 다르다고 할 수 있다. 중국은 이미 잘 알려진 바와 같이 1949년 중화인민공화국을 세우면서 우리나라와는 체제가 달라졌고 국가의 운영 방식이나 비전이 사뭇 다른 방향으로 발전해 나갔다. 또한 중화인민공화국 성립 이후 수교되기 전까지 사실상 교류가 단절되었기 때문에 중국 관련 전문가가 아닌 일반 사람들은 중국이라는 나라에 대해 구체적으로 알 수 있는 길이 그다지 많지 않았다. 더구나 개혁 개방 이후에는 모순되어 보이는 사회주의와 시장경제를 결합시킨 독특한 체제를 유지하고 있어서 국가 운영 체제가 조금 더 복잡해졌고 이해하기도 어려워졌다.

이런 이유들로 일반인들이 1949년 이후의 중국, 즉 이 책에서 말하는 현대 중국에 대해 잘 이해하기는 어려운 일이었다. 한중 수교 이후 수많은 민간 교류를 통해 중국에 대한 이해가 수교 이전에 비해 훨씬 깊어졌고 이를 전해주는 좋은 전문 서적과 교양 서적들이 다양하게 출간되어 훌륭한 정보를 제공해 주는 것도 사실이다. 그럼에도 불구하고 일반인들 특히 장차 자신의 전공 분야에서 한중관계를 이끌어

나갈 대학 저학년 비전공 학생들 수준에서 중국에 대한 기본적인 정보를 습득하여 중국에 대한 이해 수준을 높일 수 있는 쉬운 교양서가 조금 더 많이 나왔으면 하는 바람으로 이 책을 집필하게 되었다.

이 책은 모두 다섯 개의 장으로 구성되었다. 제1장은 중국은 어떤 나라인지를 소개하는 장으로서 중국의 국기와 상징, 인구, 민족 구성, 언어와 문자, 중국 국토의 지리 특징 등을 설명하였다. 제2장은 중국의 현대 역사를 설명하는 장이다. 특히 1949년 이후 일어난 특징적인 역사적 사건들을 선정하여 설명하고 이를 통해 현재의 중국이 있게 된 배경을 역사적인 흐름을 따라 이해할 수 있도록 설명하였다. 제3장은 중국의 정치 체제를 설명하는 장이다. 중국의 정치 제체는 우리와는 다른 방식을 취하고 있으며 운영 방식도 우리와 다른 점이 많다. 예를 들면 중국을 이끌어가는 공산당은 우리나라의 정당과는 성격이 상당히 다르다. 중국의 국가 운영 방식과 권력 승계 방식, 의사 결정 방식 등을 이해하는 것이 중국 이해에 중요하다고 보고 이에 관한 기본적인 사항들을 설명하려고 하였다. 제4장은 중국 경제를 설명하는 장이다. 이 장에서는 중국 경제의 몇 가지 특징을 선정하여 설명하였다. 방대한 경제 상황을 몇 가지 문제를 통해 모두 들여다본다는 것은 어불성설이나 중국 경제의 일면이라도 설명될 수 있을 것이다. 제 5 장은 중국의 주요 외교 관계 국가 중 미국, 타이완, 한국과의 외교 역사를 간략히 설명하였다.

이 책을 집필하기 위해 이전의 저작들을 참고하였다. 제4장의 중국 경제 설명과 관련해서는 많은 부분 아서 크뢰버(Arthur R. Kroeber)의 『127가지 질문으로 알아보는 중국경제』(도지영 옮김, 2017, 시그마북스)를 참고했다. 또한 중국 관련 세부 항목의 설명 및 기본 정보 그리고 중국의 정치 기구와 관련해서는 성균중국연구소의 『차이나핸드북』(2014, 김영사), 외교부의『2016 중국개황』(2017, 대한민국 외교부)을 많이 참고하였다. 외교부의『2016 중국개황』(2017, 대한민국 외교부)은 중국의 외교 관계 문제와 관련하여서도 참고하였다. 케리 브라운(Kerry Brown)『현대 중국의 이해』(김흥규 역, 2014, 명인문화사)도 일부 참고하였다. 정치 관련 문제 및 개혁 개방 정책 관련 문제에 대해서는 조영남의『용과 춤을 추자』(2013, 한길사),『개혁과 개방: 덩샤오핑 시대의 중국』(2016, 민음사)의 도움을 많이 받았다. 언어와 문자 문제와 관련해서는 박종한 외『중국어의 비밀』(2012, 궁리)을 일부 참고하였다. 중국제조 2025와 관련해서는 '중국제조 2025 추진 배경과 중점 분야' 펑페이, 2015 제3회 한중경제포럼, 2015. 6월, '중국제조 2025 문건의 내용 및 평가' 대외경제정책연구원, KIEP 북경사무소 브리핑 2015년 6월, '연결되는 공장, 중국제조 2015' 최해옥, 과학기술정책 26호, 2016 등이 도움이 되었다.

이 책이 출판될 수 있도록 지원해 준 동의대학교 교양대학, 동의대학교 프라임사업단에 감사를 드리며 신아사 관계자 분들께도 깊은 감사의 뜻을 전한다.

목 차

중국 전도

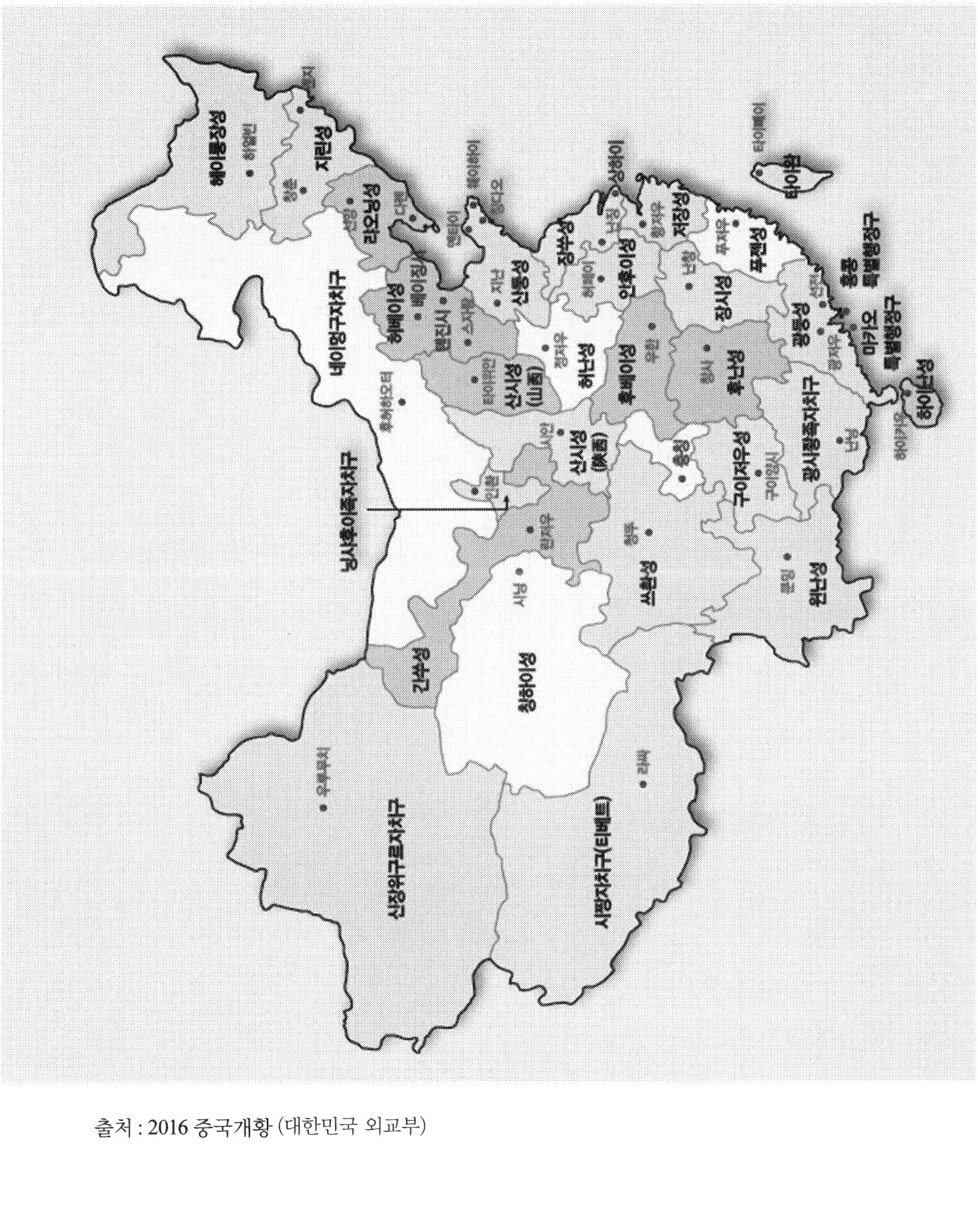

출처 : 2016 중국개황 (대한민국 외교부)

1. 중국은 어떤 나라인가

1. 중국은 어떤 나라인가

중국(中國)은 20세기 말인 1970년대 후반부터 21세기 초인 현재에 이르기까지 놀라운 경제 성장을 보여 주었다. 20세기 내내 가난에 허덕이다 1978년 경 경제 개혁과 문호 개방을 단행한 뒤 경제 성장을 거듭하여 미국에 버금가는 경제 대국이 되었다. GDP 규모를 예로 든다면 중국이 일본보다 앞서게 된 해가 2010년 경이므로 개혁적인 경제 정책을 시행한 지 불과 30여 년 만에 오늘날과 같은 성과를 이룬 것이다. 물론 경제가 중국처럼 30-40년 만에 놀라울 정도로 빠르게 성장한 국가들이 없는 것은 아니다. 그러나 13억 명의 거대 인구를 이끌고 세계 최하위 수준에서 일본을 앞지르는 경제 규모와 세계 최대의 수출량을 자랑하는 수준으로 경제를 성장시킨 예는 찾아보기 어렵다.

중국은 또한 자본주의 시장경제 체제를 배척하고 1949년 중화인민공화국을 세울 때 가졌던 정치 체제를 계속 고수하면서도 경제 면에서는 과감한 전환을 이루었다. 즉 정치적으로는 사회주의 체제와 공산당 일당 독재 체제이면서 경제적으로는 시장경제 체제인 것이다. 일반적으로 경제 성장은 민주주의 체제 하에서 더 잘 이루어진다는 인식과는 달리 사회주의 체제에서도 시장경제가 가능하고 더 나아가 훌륭한 경제 성과를 낼 수 있다는 하나의 모델을 중국은 보여 주었다. 정치 지도자 선출 면에서는 국민들의 직접 선거를 거치지 않고 엘리트 정치 집단의 내부 논리에 의해 국가 지도자를 선출함에도 아직까지는 큰 정치적 혼란이 보이지 않는다.

이처럼 세계의 이목을 한 몸에 받는 중국은 다름 아닌 바로 우리나라 옆에 있고 또한 우리나라와 수천년 동안 문명을 나누며 함께 발전해 왔다. 중국은 장구한 역사가 진행되는 동안 여러 가지 모습으로 우리에게 다가왔다. 왕조를 달리해 가며 때로는 찬란한 문명의 제국으로 위용을 과시하기도 하였고 때로는 막강한 패권자로 군림하기도 하였다. 때로는 죽의 장막에 가려져 교류가 단절된 채 각자의 길을 가기도 했다. 그 모습이 어찌 되었든 중국은 언제나 바로 옆에 있으면서 우리의 삶에 작게 크게 영향을 끼쳐 왔다. 이 책을 통해 말하고자 하는 1949년 이후의 중국도 그런 모습들 중 하나일 것이다. 가난에서 출발하여 개혁 개방을 거쳐 어느덧 거대 경제국이 되어 우리의 경제 발전에 없어서는 안될 존재가 되었고 사드 배치를 둘러싼 태도에서 보았듯이 우리의 정치에도 영향을 끼치고 있다. 그러므로 이제 세계의 이른바 G2가 된 중국을 잘 알아야 할 필요가 있다. 더구나 앞에서도 언급하였듯이 일견 모순되어 보이는 속성들이 결합되어 우리와는 다른 방식으로 국가가 운영되고 있고 경제가 발전하고 있으며 사회 시스템이 관리되고 있으므로 그들이 경제를 성장시킨 방식과 정치를 운영하는 방법 그리고 국가를 경영해 온 과정을 잘 이해하는 것이 건전하고 지속적인 교류를 위한 첫걸음이 될 것이다.

이 책은 1949년 공산당에 의해 수립되어 현재에 이르고 있는 중국, 정식으로는 중화인민공화국(中華人民共和國)에 관련된 사실들을 초보적인 수준에서 설명한다.

1.1 국기와 휘장

사람들이 어떤 모임을 결성하면 모임의 정체성을 드러내기 위해 여러 가지 상징물을 만들어 공유하고 타인들에게 보여 주듯이, 한 국가도 상징물을 만들어 자신의 정체성을 투영하고 대외적으로 드러내 보여 준다. 국가의 상징물 중 대표적인 것은 역시 국기와 휘장이다. 이때문에 한 국가의 국기와 휘장을 살펴보면 그 국가가 어떤 곳에 자신의 정체성을 두고 있는지, 또는 그 국가가 근본적으로 추구하는 바가 무엇인지를 대략 알 수 있다.

중국의 국기는 다섯 개의 별이 있는 붉은색 기이다. 그래서 흔히 오성홍기(五星紅旗, 우싱훙치)라고 부른다.

오성홍기 안에 있는 다섯 개의 별과 붉은색은 각각 상징하는 바가 있다. 다섯 개의 별은 자세히 보면 한 개의 큰 별과 네 개의 작은 별로 되어 있다. 큰 별은 바로 중국 공산당을 의미한다. 네 개의 작은 별은 각각 노동자 계급, 농민 계급, 도시 소자산 계급, 민족 자산 계급을 가리킨다. 붉은색은 혁명을 상징한다. 이 각각의 상징들은 한데 모여 하나의 국가 이념을 말하고 있는데 곧 혁명의 기치 아래 공산당의 영도를 따라 노동자 계급, 농민 계급, 도시 소자산 계급, 민족 자산 계급 등 전 인민이 단결한다는 것이다. 오성홍기의 상징을 통해 우리는 중국의 기본적인 정체성을 어느 정도 알 수 있다. 중국은 공산주의 이념 아래 수립된 국가로서 중국의 모든 국민들을 이끄는 주체는 공산당이며 사회주의 이념 체제를 기본으로 한다. 공산당이 중국의 모든 국민들을 이끈다는 말은 중국의 정치 운영과 국가 운영이 우리가 보통 생각하는 민주주의 국가와는 다르다는 점을 시사한다. 즉 공산당은 민주 국가에 존재하는 정치 세력으로서의 정당과는 달라서 국가 그 자체와 맞먹는 위상을 갖는다는 뜻이다. 또 사회주의 이념 체제를 기본으로 한다는 말은 경제 체제의 형식이 어떻게 바뀌든 그것이 근본적인 정치 체제의 전환으로까지 이어지지는 않는다는 뜻이다.

오성홍기는 1949년 9월에 채택되어 중화인민공화국이 정식으로 선포되던 그 해 10월 1일 톈안먼 광장에 게양되었다. 현재 톈안먼 광장에서 무경(인민무장경찰)이 게양식과 하강식을 거행하고 있으며 이 엄숙한 광경은 그 자체로 유명해서 많은 사람들이 관광을 위해 즐겨 찾는 행사가 되었다.

중국의 국가 휘장은 위에서 아래로 다섯 개의 별과 톈안먼 도안 그리고 톱니바퀴가 배열되어 있고 이것들을 쌀과 보리 이삭이 둘러싸고 있는 디자인으로 되어 있다.

다섯 개의 별의 의미는 오성홍기와 같다. 휘장 중앙에 있는 톈안먼은 우리나라의 숭례문이나 경복궁처럼 중국을 상징하는 아이콘이며 중국 현대 역사가 지나간 장소이기도 하다. 1949년에는 이 곳에서 중화인민공화국 수립이 선포되었고 1989년 중국 국민들이 모여 민주화를 요구하는 대규모 시위가 벌어진 6.4 천안문 사건이 일어났던 곳이기도 하다. 그래서 휘장 안의 톈안먼은 중국 인민의 혁명 전통, 민족 정신을 상징한다고 한다. 톱니바퀴는 노동자, 쌀과 보리 이삭은 농민을 가리킨다. 이 휘장은 1950년 공포되어 현재까지 사용되고 있다.

1.2 크기와 지리

사람들에게 '중국'하면 떠오르는 것을 말하라고 하면 대부분 많은 인구 그리고 국토의 크기라고 할 정도로 중국은 광대한 국토를 가진 인구 대국이다. 중국의 면적은 약 960만㎢로서 이는 우리가 사는 한반도의 44배 정도에 해당한다. 전 세계적으로 중국보다 국토 면적이 큰 나라는 러시아, 캐나다 정도이며 미국도 알래스카를 제외하고 본토만 비교한다면 중국보다 면적이 작다. 남북으로는 남중국해의 난샤(南沙)군도[1]에서 러시아와 국경을 이루는 헤이룽장(黑龍江)까지 5,500km 정도 되며 동서로는 세계의 지붕이라는 파미르고원에서 동쪽 끝 우수리강까지 약 5,200km 정도 된다. 면적이 큰 만큼 국경선도 무척 길어서 약 22,800km나 된다. 긴 국경선만큼이나 현재 중국이 국경을 맞대고 있는 나라도 14개 국가나 된다. 국경을 마주하고 있는 나라는 북쪽으로는 북한, 러시아, 몽골 등이고 중앙아시아 쪽으로는 키르키즈스탄, 타지키스탄, 카자흐스탄, 아프카니스탄, 파키스탄 등이며 남쪽으로는 인도, 네팔, 부탄, 미얀마, 라오스, 베트남 등이 접경하고 있다. 이 중 가장 긴 국경을 맞주하고 있는 나라는 몽골과 러시아로서 두 나라 모두 4,000km 이상이다.

1) 난샤군도는 사실 중국 및 동남아시아 각국 사이의 영유권 분쟁이 있는 지역이다. 본문의 기술은 중국의 주장을 받아들였을 경우를 가정하여 쓴 것이다.

이렇게 면적이 광대하기 때문에 다른 나라에서는 쉽게 볼 수 없는 현상들이 나타나기도 한다. 우선 영토의 남북 길이가 길기 때문에 지역에 따라 연평균 기온이 달라서 열대 기후에서부터 한대 기후까지 모두 존재한다. 같은 시각 남쪽의 하이난 섬은 뜨거운 태양이 내리쬐고 있는 반면 북쪽의 하얼빈시에는 눈이 내릴 수도 있는 것이다. 또 동서 길이가 무척 길어서 한 나라 안에 시차가 존재하는데 이론상으로는 4개의 시간대가 가능하다고도 한다.[2]

중국은 면적에 걸맞게 유역이 긴 강들을 많이 보유하고 있는데 그 중 대표적인 강으로는 장강과 황하를 들 수 있다. 황하는 중국 문명을 상징하는 강으로서 중국의 아이콘이라고 해도 무방하다. 중국의 고대 도시들은 주로 황하 유역에서 발달하였다. 황하의 길이는 5,464㎞에 달한다. 한편, 장강(長江)은 그 이름이 말해주듯 길이가 무려 6,300㎞에 달하는 세계에서 네 번째로 긴 강이다. 세계 최대의 발전량을 자랑하는 싼샤댐이 있고 바다로 나가는 출구에는 중국 최대의 경제 도시 상하이가 자리잡고 있다.

중국의 지형을 보면 우리나라가 동고서저인 것과는 반대로 3계단식 서고 동저형 지형이라 할 수 있다. 즉 전체적으로 보면 세 계단 모양으로 되어 있고 동쪽에서 서쪽으로 갈수록 지대가 높아진다. 그래서 중국의 서부 지역인 윈난성, 시짱자치구 등지로 갈수록 높은 산과 고원이 발달해 있다. 중국의 서부 지역이 히말라야

2) 물리적으로는 시차가 나타나지만 중국은 북경 시간 하나만을 표준 시간으로 하여 전국에 적용하고 있다.

산맥, 파미르 고원 등과 마주 보고 있음을 생각해 보면 그 지형을 짐작할 수 있을 것이다.

1.3 행정 구역

중국의 주요 행정 구역 단위로는 성(省), 직할시, 자치구, 현(縣), 향(鄕), 특별행정구 등이 있다. 성은 우리나라의 도에 해당하는 행정 구역으로 22개가 있다. 직할시는 행정 구역 등급상 성과 같은 등급을 갖는 네 개의 시를 말한다. 자치구는 소수민족에게 일정 정도의 자치를 허용하여 운영하는 민족 자치 행정 구역을 말한다. 현재 모두 5개의 민족 자치구가 있다. 특별행정구는 중국에 속해 있으면서 정치 제체를 달리하는 두 개의 지역, 즉 홍콩과 마카오를 말한다.

[표1] 중국의 주요 행정 구역

행정단위	수	지역
성	22	허베이성(河北省) 허난성(河南省) 산둥성(山東省) 산시성(山西省) 랴오닝성(遼寧省) 지린성(吉林省) 헤이룽장성(黑龍江省) 장쑤성(江蘇省) 푸젠성(福建省) 장시성(江西省) 후베이성(湖北省) 후난성(湖南省) 광둥성 (廣東省) 안후이성(安徽省) 하이난성(海南省) 쓰촨성(四川省) 구이저우성(貴州省) 윈난성(雲南省) 산시(섬서)성(陝西省) 간쑤성(甘肅省) 칭하이성(青海省) 저장성(浙江省)
직할시	4	베이징(北京) 상하이(上海) 톈진(天津) 충칭(重慶)
자치구	5	네이멍구자치구(內蒙古自治區) 광시좡족자치구(廣西壯族自治區) 시짱자치구(西藏自治區, 티베트) 닝샤후이족자치구(寧夏回族自治區) 신장위구르자치구(新疆維吾爾自治區)
특별행정구	2	홍콩 마카오

중국의 22개 성의 성도(성의 수도), 인구, 면적 등은 다음과 같다.

[표2] 중국 22개 성 현황(2015년 기준)

성	성도	인구(만 명)	면적(㎢)
허베이성(河北省)	스자좡(石家莊)	7,424	18만 7,700
허난성(河南省)	정저우(鄭州)	10,722	16만 7,000
산둥성(山東省)	지난(濟南)	9,847	15만 6,700
산시성(山西省)	타이위안(太原)	3,664	15만 6,300
랴오닝성(遼寧省)	선양(瀋陽)	4,382	14만 5,700
지린성(吉林省)	창춘(長春)	2,753	18만 7,400
헤이룽장성(黑龍江省)	하얼빈(哈爾濱)	3,833	45만 3,800
장쑤성(江蘇省)	난징(南京)	7,976	10만 2,600
푸젠성(福建省)	푸저우(福州)	3,839	12만
장시성(江西省)	난창(南昌)	4,565	16만 7,000
후베이성(湖北省)	우한(武漢)	5,851	18만 5,900
후난성(湖南省)	창사(長沙)	6,783	21만
광둥성 (廣東省)	광저우(廣州)	10,849	17만 7,900
안후이성(安徽省)	허페이(合肥)	6,949	14만
하이난성(海南省)	하이커우(海口)	910	3만 3,900
쓰촨성(四川省)	청뚜(成都)	8,204	48만 5,000
구이저우성(貴州省)	구이양(貴陽)	3,529	17만 6,100
윈난성(雲南省)	쿤밍(昆明)	4,741	39만 4,000
산시(섬서)성(陝西省)	시안(西安)	3,792	20만 5,600
간쑤성(甘肅省)	란저우(蘭州)	2,599	45만 4,300
칭하이성(青海省)	시닝(西寧)	588	73만 7,000
저장성(浙江省)	항저우(杭州)	5,539	10만 2,000

출처 : 2016 중국개황(대한민국 외교부)

베이징시는 중국의 수도이자 중국을 대표하는 도시이다. 우리가 흔히 영상이나 책에서 볼 수 있는 중국의 대표 이미지인 톈안먼 광장이 바로 베이징 시내 중심에 있다. 면적은 1만 6,808㎢이고, 인구는 2,170만 명으로 서울시 인구의 2배 정도 된다. 1인당 GDP는 17,064불 정도이다. 산업 도시라기보다는 소비 도시에 가깝고 역사적으로 오랜 기간 동안 중국의 수도이자 황제와 정치 지도자들이 거주해 오던 지역이기 때문에 그 후예들이 많이 살고 있어 대체로 보수적인 성향이 강하다.

상하이시는 중국 최대의 상공업 도시이자 경제, 무역, 금융, 물류의 중심지라고 할 수 있다. 면적은 6,340.5㎢, 인구는 2,415만 명이다. 북경의 절반이 채 안 되는 면적임에도 거주하는 인구 수는 북경보다 오히려 많은 것을 보면 상하이시가 얼마나 역동적인 도시인지를 느낄 수 있다. 상하이시는 장강이 대양으로 흘러나가는 출구인 장강 삼각주 지역에 위치해 있다. 일찍이 서양인과 서양문물을 접했기 때문에 베이징시에 비해 비교적 개방적이다. 20세기 중국 역사에서 의미 있는 사건들이 상하이시를 중심으로 일어나기도 했는데, 예를 들면 현대 중국을 만든 중국 공산당이 1921년에 상하이에서 탄생했고 60년대 중반부터 70년대 중반까지 중국을 뒤흔들었던 문화대혁명도 상하이시가 그 진원지이다. 우리나라 역사와도 관련이 있어서 일제 시기 독립 운동에 헌신했던 지사들이 상하이를 중심으로 많은 활동을 했고 대한민국 임시 정부 건물이 중국 공산당 창건지에서 그리 멀지 않은 곳에 보존되어 있다.

텐진시는 면적이 1만 1,917㎢이고, 인구는 1,546만 명이다. 베이징시와 인접해 있으며 보하이만(발해만)의 항구도시로서 베이징시의 관문 역할을 하고 있다. 개혁 개방 정책이 실시된 이후 베이징시의 경제와 무역 발전을 견인했다는 평가를 받고 있다. 또한 보하이만 일대 경제권의 중심 도시이기도 하다.

충칭시는 면적이 82,400㎢이고 인구는 무려 3,016만 명이다. 숫자로만 보면 대한민국 인구의 3분의 2 정도 규모에 달한다. 인근에 중국 최대의 천연가스 산지인 촨둥(川東) 가스전이 있고 세계 최대의 수력 발전량을 가진 싼샤댐의 배후 도시이기도 하다. 또한 중국 서남부 지역의 교통 중심지로서 위로는 시안(西岸), 서쪽으로는 쓰촨성의 성도인 청두(成都), 아래로는 윈난성의 성도인 쿤밍(昆明)이 연결되어 있다. 서남부 최대의 상공업 도시이기도 하다.

한편, 소수민족 자치 행정구인 자치구는 위에서 제시한 대로 모두 다섯 개이다. 네이멍구 자치구는 몽고족이 주로 거주하는 지역으로서 러시아, 몽골과 접경하고 있다. 광시좡족 자치구는 중국 남부의 광둥성과 윈난성 사이에 위치해 있다. 이 지역에는 주로 좡족이 거주하며 그 외 다른 소수 민족들도 많이 거주하고 있다. 아열대성 기후 지역으로 중국 최대의 사탕수수 생산지이기도 하다. 다른 지역에 비해 상대적으로 낙후되어 있었으나 중국이 중점적으로 추진하고 있는 서부 대개발 사업으로 인해 최근 발전하고 있다. 시짱 자치구는 중국 서남부의 티베트 고원 지대에 위치하고 있으며 티베트족이 주로 거주하고 있다. 티베트족은 중국어로 짱족이라 부르며 지역 명칭에 들어 있는 시짱은 이 지역을 중국어로 부르는 명칭이다. 티베트족은 민족적 정체성이 강하고 라마교를 중심으로 종교적 일체감이 형성되어 있어 독자성을 유지하고 있다. 이로 인해 티베트를 중국으로부터 분리하여 독립시킬 것을 주장하는 독립주의자들이 활동하고 있기도 하다.

닝샤후이족 자치구는 네이멍구 자치구의 서북 지역과 간쑤성에 인접해 있는 황토고원 지대에 자리 잡고 있다. 후이족이 주로 거주하고 있다. 후이족은 티베트족이 라마교를 믿는 것처럼 독자적으로 이슬람교를 믿는다. 신장위구르 자치구는 중국의 서북쪽 끝에 위치해 있으며 중앙 아시아 국가들과 접경하고 있는 지역이다. 주로 위구르족이 거주하고 있는데 이들은 후이족과 마찬가지로 이슬람교를 믿는다. 90년대 이후 이 지역에서 석유와 천연 가스 개발 사업이 진행되었고 현재 상당수의 석유 유전과 천연가스 가스전이 개발되어 운영되고 있다.

특별행정구로 지정되어 있는 홍콩과 마카오는 특별하게 다루어질 수밖에 없었던 역사가 있다. 두 지역은 모두 19세기 중반부터 20세기 말까지 유럽 국가의 식민지였다. 홍콩은 중국이 영국과의 아편전쟁에서 패한 후 1842년 중국으로서는 굴욕적인 불평등 조약인 남경조약을 맺으면서 영국에 조차되었다. 조차가 끝나는 시점은 1997년이었다. 이 기간 동안 홍콩은 영국의 통치를 받아 중국과는 전혀 다른 민주주의시장경제 체제의 방향으로 발전하였다. 1980년대 들어, 조차 만료 시점이 다가옴에 따라 당시 영국의 수상이었던 마가렛 대처와 중국의 지도자 덩샤오핑이 홍콩 반환 협상을 시작하였다. 당시 영국은 조차 기간을 연장하기를 원했고 중국은 예정대로 반환받기를 원했다. 협상의 결과 영국은 애초의 약속대로 1997년 조차가 끝나는 시점에 중국에 홍콩을 반환하되 중국은 반환 이후 50년간 국방과 외교를 제외한 전 분야에서 기존의 체제를 유지할 수 있도록 고도의 자율성을 보장해 주기로 했다. 그리하여 홍콩은 150년의 영국 조차 시대를 마감하고 중국의 일부로 돌아왔다.

반환 이후 50년간은 기존 체제와 독자성을 유지하기로 한 것은, 중국이 사실상 한 국가에 두 체제 즉 사회주의 체제와 민주주의 체제, 계획경제 체제와 시장경제 체제가 공존하는 상황을 인정하고 허용했기 때문에 가능했다. 이와 같은 중국의 체제를 일국양제(一國兩制)라고 한다. 마카오 역시 1849년 포르투갈이 점령한 이후 홍콩과 마찬가지로 포르투갈의 지배 하에 있었다. 마카오의 경제적 영향력은 홍콩만큼 강하지는 않았기 때문에 반환 협상은 큰 논쟁 없이 진척되어 홍콩이 반환되고 나서 2년 뒤인 1999년에 포르투갈로부터 중국으로 돌아왔다. 마카오 역시 반환 이후 일국양제를 적용받게 되었다. 이렇게 홍콩과 마카오는 중국의 본래 체제와는 다른 체제로 운영되고 있기 때문에 특별한 행정구역인 특별행정구가 된 것이다.

1.4 인구

중국은 광대한 국토만큼이나 인구도 많아서 2015년의 통계에 따르면 중국의 인구는 홍콩, 마카오, 타이완을 제외하고도 13억 7,462만 명에 달한다. 제외된 세 지역의 인구까지 합한다면 거의 14억에 육박할 것이다. 현재도 중국 인구는 계속 증가하고 있어서 매년 0.5% 정도의 증가율을 보이고 있다. 중국의 인구는 어떻게 구성되어 있을까? 먼저 UN이 정한 분류 기준에 따른 연령별 인구 구성을 보면 0세에서 14세까지의 유소년 인구는 2억 2,716만 명으로 전체의 16.5%를 차지하고 있고, 중국 경제를 이끌어가는 15세부터 64세까지의 생산 가능 인구는 10억 361만 명으로 전체의 73%를 차지하며, 마지막으로 65세 이상의 고령 인구는 1억 4,386만 명으로 전체 인구의 10.5%를 차지한다. 도시 거주민과 농촌 인구의 비율을 따져 볼 수도 있다. 농촌 인구는 6억 346만 명으로서 전체 인구 대비 43.9%를 점하고, 도시 인구는 7억 7,116만 명으로 전체의 56.1%를 차지한다. 이로써 현재 도시 인구 비율이 농촌 인구의 비율을 약간 상회하고 있음을 알 수 있다. 성별 인구 구성 비율로 보면 남성 인구가 7억 414만 명으로 여성 인구 6억 7,048만 명보다 조금 많다.

[표 3] 중국 연령별 인구 구성(단위 만 명, %)

연도	총인구	0–14	비율	15–64	비율	65 이상	비율
2000	126743	29012	22.9	88910	70.2	8821	7.0
2005	130756	26504	20.3	94197	72.0	10055	7.7
2010	134091	22259	16.6	99938	74.5	11894	8.9
2015	137462	22716	16.5	100361	73.0	14386	10.5

출처 : 중국통계연감 2016

[표 4] 중국 남녀 및 도시–농촌 인구 구성(단위 만 명, %)

연도	총인구	남	비율	여	비율	도시	비율	농촌	비율
2000	126743	65437	51.63	61306	48.37	45906	36.22	80837	63.78
2005	130756	67375	51.53	63381	48.47	56212	42.99	74544	57.01
2010	134091	68748	51.27	65343	48.73	66978	49.95	67113	50.05
2015	137462	70414	51.22	67048	48.78	77116	56.10	60346	43.90

출처 : 중국통계연감 2016

중국의 인구 정책은 한 가구 당 자녀를 최대 한 명만 둘 수 있도록 하는 이른바 1가구 1자녀 정책으로 상징되어 왔다. 1가구 1자녀 정책은 출산을 제한하여 인구 증가를 억제하려는 정책이었다. 중국은 개혁 개방 정책이 시작될 즈음인 1978년 경 인구 증가에 대한 대책을 논의한 끝에 향후 인구 증가율을 85년까지 0.5%로 줄이고, 20세기말까지 0%로 끌어내려서 궁극적으로는 2000년의 인구를 12억 명 아래로 만들자는 목표를 세웠다. 그리고 목표를 달성하기 위한 정책 수단으로서 1가구 1자녀 정책을 수립하였다.

1가구 1자녀 정책은 바로 다음 해인 1979년 1월부터 실시되었다. 한 가구 당 아들이든 딸이든 자녀를 한 명만 둘 수 있도록 제한하고 각 가구에 대해 제한 준수 여부에 따라 벌칙과 보상을 병행하여 부과하였다. 즉 제한을 어길 경우 월급을 깎거나 벌금을 부과하는 등 불이익을 주었고 반대로 정책을 잘 따르면 자녀의 학비를 면제해 주는 등의 보상을 주었다.

흔히 1가구 1자녀 정책은 중국의 모든 국민에게 일률적으로 시행된 것으로 생각하기 쉬우나 실제로는 그렇지 않았다. 다시 말하면 중국의 모든 가구가 한 명의 자녀만을 두어야 하는 것은 아니었고 거주 지역이 도시인지 농촌인지에 따라, 어느 민족 소속인지에 따라, 또 직업이 무엇인지에 따라 둘 수 있는 자녀 수를 다르게 했다. 1가구 1자녀 정책 기조 속에 1980년에는 법적인 혼인 가능 연령을 2년 높여서 남자의 경우 22세 여자의 경우 20세로 하여 합법적인 가임 기간을 줄이고 1982년에는 신헌법 안에 가족계획을 의무로 명시해 놓는 등[3]의 강화 조치들을 취하여 강력한 인구 억제 정책을 이어갔다.

1979년 이후 지속되어 오던 1가구 1자녀 정책은 2010년 이후에는 점차 수정되어 이전의 강력한 제한이 완화되기 시작했다. 즉 부부가 정해진 자격 기준에 맞을 경우 두 명의 자녀를 둘 수 있도

---

3) 이 조항은 헌법 제2장 공민의 기본 권리와 의무(公民的基本權利和義務) 부분의 제49조에 있다. 조문은 '부부 쌍방은 가족계획 의무를 실행한다(夫妻雙方有實行計劃生育的義務)'라고 되어 있다.

록 허용하는 일련의 정책 흐름이 생겼다. 2011년에는 남편과 아내 모두 1자녀 가정 출신일 경우 두 번째 자녀를 둘 수 있도록 허용했고, 2013년에는 남편이나 아내 중 한 쪽이 1자녀 가정 출신이면 둘째를 출산할 수 있도록 하여 제한 조치가 더욱 완화되었다. 2015년에는 전면적인 두 자녀 정책 시행을 예고하였고 같은 해 12월에 두 자녀 정책의 법적 근거를 마련하기 위해 기존의 인구계획생육법을 개정한 후, 2016년부터는 두 자녀 정책을 시행하여 모든 가구가 두 명의 자녀를 둘 수 있게 됨으로써 중국의 인구 정책을 상징하던 1가구 1자녀 정책은 폐지되어 역사 속으로 사라지게 되었다.

중국은 현재 인구와 관련된 두 가지 큰 문제를 안고 있다. 하나는 출산률이 너무 낮다는 것이고 나머지 하나는 인구가 빠르게 고령화되어 가는 문제이다. 중국은 지난 30여년간 1가구 1자녀 정책이라는 강력한 산아제한 정책을 실시하여 70년대 초반 5.8명이던 출산율이 1.5명으로 낮아졌으며, 이는 약 3억 명 이상의 인구를 축소한 효과를 유발하였다고 평가되기도 한다. 그러나 인구 증가를 억제하는 데 효과를 보기는 했으나 국가발전개혁위원회에서 2015년에 보고한 바에 따르면 중국의 합계 출산율이 인구 대체수준 이하까지 떨어져 인구 출산 수준이 세계 저출산국가로 분류되었다고 한다. 이러한 저출산 문제에 대비하여 1가구 1자녀 정책을 폐지하고 2자녀를 허용하였으나 저출산 문제를 해결할 수 있을지는 아직 알 수 없다.

인구가 빠르게 늙어가는 고령화 문제 역시 중국이 안고 있는 문제이다. 표 3에 나타난 바와 같이 65세 이상 노인 인구 비율은 2000년 8,821만 명으로 전체 인구 대비 7%이던 것이 15년 뒤인 2015년에는 14,3861만 명으로 전체 인구 대비 10.5%로 증가하였다. 65세 이상 노인 인구 수가 15년 사이에 1.5배 이상 늘어난 것이다. 경제 발전과 더불어 의학 수준과 보건 수준이 발달함에 따라 평균 수명이 늘어나고 있기 때문에(1990년 68.6세에서 2015년 76.34세로 늘어남) 이런 추세는 앞으로도 계속될 것으로 보인다. UN은 고령 인구 비율과 관련하여 65세 이상 인구가 전체 인구의 7% 이상일 경우 고령화 사회, 14% 이상일 경우 고령 사회로 분류하는데, 이 기준에 따르면 중국은 이미 2000년대부터 고령화 사회에 들어섰고 현재 추세대로라면 10년 또는 15년 안에 고령 사회로 진입할 수도 있다.

중국의 고령화 문제가 선진국들보다 더 심각하게 받아들여지는 이유는 선진국에 비해 노인 인구를 부양할 수 있는 사회 경제적 기초가 아직 취약하기 때문이다. 부양 부담이 증가함에 따라 국가에서 부담해야 할 복지 비용도 증가하기 때문에 경제 전반에 걸쳐 부담이 가중되고 중국이 계획하는 소강(小康) 사회 건설에도 부정적인 영향을 줄 수 있다. 부자가 되기도 전에 늙어 버릴 수 있는 것이다.

1.5 민족

중국은 다민족 국가로서 한족(漢族)과 그 외 여러 민족들이 함께 어울려 살고 있다. 한족은 오랜 역사 동안 중국의 주류 세력이었으며 인구도 다른 민족에 비해 압도적으로 많아서 12억 명을 넘는다. 한족 이외의 소수민족들은 한족에 비해 인구가 적어서 모두 합해 1억 천만 명 가량 된다. 인구 비율로 따지자면 한족은 중국 전체 인구의 91.5%를 차지하고 있고 나머지 소수민족은 약 8.5% 정도를 차지한다(2010년 통계 기준). 전체 인구에서 차지하는 비율은 작지만 소수민족들은 대부분 자신의 고유한 문화 전통과 언어를 갖고 있어서 한족과는 다른 민족 정체성을 형성하고 있다. 또한 비록 인구 수는 적지만 그들이 살고 있는 거주 지역의 크기를 다 합치면 전체 국토의 약 64%에 달한다. 이때문에 중국의 입장에서는 이들을 잘 통합하여 한데 어울려 살 수 있도록 하는 것이 국가를 안정적으로 운영하는 데 매우 중요하다. 소수민족은 말 그대로 인구가 소수이기 때문에 그렇게 불리기도 하지만 중국 정부의 민족 정책과 관련된 공식적인 명칭이기도 하다. 한족 이외의 민족들은 세력이 강하지 않고 인구 수도 한족에 비해 적기 때문에 중국 정부는 각 민족에 대하여 개별적인 정책을 시행하기보다 그들을 한데 묶어 소수민족이라는 명칭을 부여하고 공통적인 민족 정책을 시행하고 있다.

소수민족은 현재까지 공식적으로 55개의 민족이 인정된 상태이다. 소수민족 수가 55개라고 해서 한족 이외의 민족이 모두 55개뿐이라고 말한다면 오해를 불러일으킬 소지가 있다. 중국 정부는 지속적으로 소수민족을 조사하고 분류하는 작업을 해오고 있는데 조사된 민족에 대하여 공통의 언어, 지역, 경제 생활, 문화를 공유하는 공동체인지 여부와 구성원들이 독립적인 민족으로서 존재할 의사를 갖고 있는지 여부 등을 따져 보고 두 조건을 모두 충족하면 독자적인 소수민족으로 인정하고 있다. 그래서 현재 소수민족이 55개라는 말은 위와 같은 소수민족 인정 기준에 부합되어 공식적으로 인정받은 민족이 현재까지 55개라는 의미이다. 그러므로 상황에 따라서는 앞으로 그 수가 더 늘어나 56개가 될 수도 있고 57개가 될 수도 있을 것이다. 어쨌든, 중국은 현재 한족과 공식적으로 인정된 55개의 소수민족 등 모두 56개의 민족이 공존하고 있는 다민족 국가라고 할 수 있다.

소수민족 중 인구 수가 천만 명이 넘는 민족으로는 중국 남부의 광시, 광둥, 윈난 등지에 주로 거주하는 좡족과 랴오닝, 헤이룽장, 지린, 네이멍구 등지에 주로 거주하는 만족, 닝샤, 간쑤 등지에 주로 거주하는 후이족 그리고 신장 지역에 주로 거주하는 위구르족이 있다. 그 외에 500만 명 이상 1000만 명 이하인 민족으로는 묘족, 이족, 토가족, 몽고족, 티베트족이 있고 100만 명 이상 500만 명 이하인 민족은 부이족, 동족, 야오족, 바이족, 조선족, 하니족, 리족, 카자흐족, 다이족 등이 있다. 또 시짱 지역에 거주하는 로바족, 타이완의 고산족, 신장 지역의 타타르족 등 인구가 3천 명에서 4천 명 정도로서 말 그대로 소수인 소수민족도 있다.

소수민족의 인구 비율은 지속적으로 증가하여 1964년 전체 인구의 5.78%를 차지하던 것이 2000년에는 8.24%가 되었고 10년 후인 2010년에는 8.3%가 되었다. 2000년과 2010년 사이 한족 인구가 5.73% 증가한데 비해 소수민족은 6.54%가 증가하여 한족의 증가 비율보다 더 큰 폭으로 증가하고 있다. 이러한 소수민족 인구의 증가는 자연적인 증가 이외에도 평등성 중심의 소수민족 정책으로 인해 원래의 민족 소속을 밖으로 드러내는 경우가 많아진 점, 1가구 1자녀 정책을 느슨하게 적용받는 출산 장려 정책, 향상된 의료 서비스로 인한 수명 연장, 국가 경제 발전에 따른 경제 수준 향상 등이 영향을 끼친 결과라고 생각된다.

소수민족이 한족과 완전히 분리되어 살아가고 있는 것은 아니다. 소수민족의 분포를 살펴보면 한 지역 또는 두 지역 이상의 넓은 지역에 집단적으로 거주하는 경우도 있고 집단적으로 거주하되 규모가 작고 전국적으로 흩어져 있는 경우도 있으며 집단 거주 지역 없이 전국에 흩어져 거주하는 경우도 있다. 행정 구역 상 소수민족 자치 구역이 있고 그 곳에서 소수민족이 집단 거주하고 있기는 하지만 한족 역시 함께 거주하고 있을 뿐만 아니라 그 인구도 사실 소수민족 거주자보다 많다. 예를 들어 후이족(回族)의 경우 전체 인구 중 200만 명은 닝샤후이족 자치구에 살고 있고 100만 명은 신장위구르 자치구에 살고 있으며 나머지 700만 명은 전국에 흩어져 살고 있는데, 그들이 집단 거주하고 있는 닝샤후이족 자치구나 신장위구르 자치구도 거주민의 대다수는 역시 한족이다. 따라서 소수민족은 언제나 한족 또는 다른 소수민족과 밀접한 교류 관계를 맺으며 살아가고 있다고 할 수 있다. 이러한 민족 거주 지역 혼합에 의한 거주 형태는 56개의 민족이 하나의 국가 안에서 동일한 국민 정체성을 형성하여 공존하면서 통일을 이루어 안정된 국가와 사회를 이루는 바탕이라고 할 수 있다.

그러면 중국은 소수민족에 대하여 어떤 민족 정책을 펼치고 있을까? 중국은 건국 초기부터 소수민족이 집단 거주하는 지역은 일정 부분 자치권을 부여하는 정책을 취하여 왔다. 이러한 정책을 민족지역자치제도라고 한다. 민족지역자치제도는 현재까지도 기본적인 소수민족 정책으로 자리잡고 있으며 2003년 기준으로 시짱자치구, 신장위구르자치구 등 5개의 자치구, 30개의 자치주, 12개의 자치현, 1173개의 민족향을 설치하여 운영하고 있다. 또한 1983년에는 소수민족의 권익을 향상시키기 위한 정책이 발표되기도 하였다. 이를 통해 민족지구 자치권 보장, 주민들의 세금 경감, 민족지역에 맞는 지방정치 보장, 생산 증대와 생활 향상을 위한 국가 원조, 민족문화 및 과학 발전을 위한 원조 제공, 지방 간부 승진 시 해당 민족 출신 우대 등의 정책 방향을 제시하기도 하였다.

건국 이후 유지되어왔던 이와 같은 민족지역자치제도는 다민족 국가에서의 민족 단합에 어느 정도 기여하였고 소수민족의 권의 향상에 긍정적인 영향을 끼치기는 하였으나 최근에 일어난 분리 독립 움직임 및 테러 사건 등으로 도전과 비판에 직면하게 되었다. 개혁·개방 이후 진행된 자본주의 경제 발전으로 인하여 중국 국내에서의 자본 및 인구가 빠르게 이동함에 따라 소수민족의 주요 집단 거주 지역에 한족이 이동하여 정치와 경제 모두 압도적인 우위를 점하게 되었다. 이때문에 소수민족은 한족에 대하여 상대적인 박탈감과 차별감을 느끼고 이에 대한 불만을 표출하기 시작하였다. 이 과정에서 민족 갈등이나 유혈 충돌 등이 발생하고 나아가 기존의 분리 독립 운동과 결합하여 테러로 발전하기도 하였다.

예를 들어 티베트족이 거주하는 시짱 지역은 1949년 중화인민공화국 수립 이후 중국의 영토가 되었다. 중국은 이 지역에 시짱 자치구를 설치하여 운영하고 있다. 티베트족은 종교적인 차이가 크고 중국에 편입된 역사가 그리 길지 않기 때문에 여전히 달라이 라마를 중심으로 독립 운동을 펼치고 있다. 또 신장위구르자치구는 위구르족이 거주하는 지역이다. 이 지역은 청나라 때 중국의 영토로 편입되었다. 이 지역 역시 위구르족의 독립을 요구하는 단체들이 활동하고 있다. 비교적 최근인 2014년에도 독립을 요구하는 테러가 일어난 적이 있다. 이와 같은 소수민족의 독립 요구에 대하여 중국 정부는 국가 영토의 안정을 저해하는 심각한 사안으로 간주하고 강력하게 대처하고 있다.

요컨대 중국은 원칙적으로는 헌법을 통해 각 민족의 평등성을 보장하고 차별과 억압을 금지하고 있다. 또한 민족지역자치제도를 통해 일정 부분 자치권을 부여하고 있다. 이는 소수민족에 대하여 억압적인 정책보다는 유화적인 정책을 실시하고 있음을 의미한다. 그러나 민족 자체의 분리 독립을 추구하는 운동에 대해서는 강력하게 대응하고 있다. 시장 경제의 발전으로 인하여 한족과 소수민족 간의 경제 격차가 심해짐에 따라 민족 갈등이 불거지고 심한 경우 폭력적인 사태로까지 발전하는 경우가 종종 나타나고 있다. 또한 분리 독립을 표방하는 테러 사건까지 발생하고 있어서 현재까지 유지되어 오고 있는 소수민족 정책에 대한 비판적인 논의가 일어나고 있는 중이다.

[표 5] 중국 소수 민족 현황 (인구 100만 명 이상)

민족	분포	인구(천 명)
壯族(Zhuang)	광시, 윈난, 광둥	16,926.3
滿族(Man)	랴오닝, 허베이, 헤이룽장, 지린, 네이멍구, 베이징	10,387.9
回族(Hui)	닝샤, 간쑤, 허난, 신장, 칭하이, 윈난, 허베이, 산둥, 안후이, 베이징, 톈진, 랴오닝, 네이멍구, 헤이룽장, 산시(陝西), 구이저우, 지린, 장쑤, 쓰촨	10,586.0
苗族(Miao)	구이저우, 후난, 윈난, 광시, 충칭, 후베이, 쓰촨	9,426.0
維吾爾族(Uyghur)	신장	10,069.3
彝族(Yi)	윈난, 쓰촨, 구이저우	8,714.3
土家族(Tujia)	후난, 후베이, 충칭, 구이저우	8,353.9
蒙古族(Mongol)	네이멍구, 랴오닝, 지린, 허베이, 헤이룽장, 신장	5,981.8
藏族(Tibetan)	시짱(티베트), 쓰촨, 칭하이, 간쑤, 윈난	6,282.1

布依族(Bouyei)	구이저우	2,870.0
侗族(Dong)	구이저우, 후난, 광시	2,879.9
瑤族(Yao)	광시, 후난, 윈난, 광둥	2,796.0
白族(Bai)	윈난, 구이저우, 후난	1,933.5
朝鮮族(Chosen)	지린, 헤이룽장, 랴오닝	1,830.9
哈尼族(Hani)	윈난	1,660.9
黎族(Li)	하이난(海南)	1,463.0
哈薩克族(Kazak)	신장	1,462.5
傣族(Dai)	윈난	1,261.3

출처 : 중국통계연감 2015

1.6 언어와 문자

중국은 넓은 지역에 수많은 인구가 퍼져 살기 때문에 사용하는 언어도 지역과 민족에 따라 다양하다. 중국과 크기가 비슷한 유럽 대륙에 얼마나 다양한 언어가 사용되고 있는지 생각해 보면 중국 안에서 사용되는 언어가 얼마나 다양할지 짐작할 수 있을 것이다. 중국 안에서 사용되는 언어들은 서로 차이가 커서 같은 중국 사람들끼리도 의사소통이 어렵거나 전혀 안 되는 경우도 있을 수 있다. 극단적인 예를 들자면 평생 북경을 벗어나 보지 않은 사람과 홍콩을 벗어나 보지 않은 사람이 만난다면 서로 말이 안 통할 수도 있다.

유럽은 근대 이후 민족 국가가 분리되면서 언어도 독자적인 지위를 얻어 '○○어'라고 불리게 되었다. 그러나 중국은 언어는 다양하지만 오랜 기간 동안 하나의 나라 안에서 동일한 사회적 문화적 통일성을 유지해 왔기 때문에 차이가 얼마나 심한가에 상관없이 하나의 방언으로 분류되어 '중국의 ○○ 방언'으로 불리어 왔다. 그러면 중국의 방언에는 어떤 것이 있을까? 일일이 세세하게 항목을 따져 조사한다면 아마 수도 없이 많을 것이다. 그래도 어느 정도 유사한 방언들을 모아 보면 크게 7개의 대방언으로 나눌 수 있다. 이를 흔히 중국의 7대 방언이라고 한다. 우리나라에도 진주 사람의 방언과 부산 사람의 방언 그리고 대구 사람의 방언이 조금씩 차이가 있지만 이들을 하나로 묶어 경상 방언으로 분류할 수 있는 것과 같은 이치이다. 7대 방언은 다음과 같다.

① 관화방언

관화방언은 베이징을 중심으로 동북3성(헤이룽장성, 지린성, 랴오닝성), 장강 이북 지역, 서북 지역 및 서남 지역에서 사용되는 방언을 말한다. 중국 방언 중 사용 인구가 제일 많고 사용되는 지역도 가장 넓다. 관화방언이 사용되는 대표 지역을 들자면 바로 베이징이다. 표준 중국어(중국어의 표준어)는 바로 이 관화방언을 기반으로 제정되었다.

② 오방언

오방언은 상하이가 있는 저장성 대부분에서 사용된다. 저장성 이외에도 쑤저우가 있는 장쑤성 일부, 그리고 장시성 일부 지역에서도 사용된다. 오방언을 사용하는 대표 지역은 짐작하다시피 상하이이고 한 곳을 더 들자면 쑤저우까지 들 수 있다. 사용 인구가 관화방언 다음으로 많다. 상하이의 경제적 위상 때문에 상하이 방언 역시 주목을 받고 있으며 이를 따로 상하이니스(Shanghainese)라고 부르는 사람들도 있다.

③ 감방언

감방언은 장시성과 후베이성에 걸친 지역에서 사용된다. 감이라는 명칭은 우리에게는 그다지 익숙하지 않지만 우리가 경상도 지역을 영남이라고 하듯이 중국 사람들은 장시성 지역을 감이라고 부른다. 감방언은 그런 지역 명칭에서 유래한 이름이다. 감방언을 사용하는 대표 지역은 장시성의 성도인 난창이다.

④ 상방언

상방언은 후난성 일대에서 사용되는 방언이다. 상 역시 감방언의 감과 마찬가지로 후난성 지역을 부르는 명칭이다. 후난성의 성도는 창사인데 창사에서 사용되는 방언은 좀 특이한 점이 있다. 창사 방언은 상방언에서 나왔으면서도 관화방언의 영향을 받아서 원래의 상방언과는 많이 달라져 버렸다. 심지어 원래 상방언 지역과는 의사소통이 잘 안된다고까지 평가되기도 한다. 그래서 창사 일대의 방언과 원래 상방언의 특징을 가지고 있는 지역의 방언을 구별하여 전자는 신상어, 후자는 노상어라 부르기도 한다.

⑤ 민방언

민방언이 사용되는 지역은 푸젠성 일대와 광둥성의 차오산 지역, 타이완, 하이난 등지이다. 푸젠성의 이름을 따서 푸키에니스(Fukienese)라고 부르기도 한다. 민방언은 중국 방언 중에서도 가장 복잡한 방언이다. 타이완의 토착 방언이 바로 민방언이며 그 중에서도 민남방언에 속한다.

⑥ 객가방언

객가방언은 주로 광둥성, 푸젠성, 장시성 등 세 성의 경계 지역에 집단 거주하고 있는 객가족에 의해 사용되는 방언이다. 다른 방언들의 명칭은 대표적인 사용 지역 이름을 따서 만들어졌지만 객가방언은 방언을 사용하는 사람들의 민족 명칭을 이용하여 만들어졌다. 객가라는 지역에서 많이 쓰이기 때문이 아니라 객가 사람들이 쓰기 때문에 객가방언이 된 것이다. 객가라는 말은 원래 이방인을 지칭하는 단어이다. 이 단어의 의미가 암시하듯이 객가족은 본래 중원 지역에서 거주하던 사람들이었으나 거듭되는 전쟁을 피해 다른 지역으로 옮겨 다니면서 살다가 현재의 정착지에 집단적으로 거주하게 되었다. 그들은 정착한 거주지의 문화와는 관계없이 독자적인 문화를 이루고 살아가면서 언어도 고유한 방언의 모습을 유지하고 있는 것이다. 객가족은 중국 역사의 뛰어난 인물들을 많이 배출하였는데 20세기 말부터 중국의 개혁 개방을 이끈 덩샤오핑이 바로 객가족이 낳은 인물이다. 객가방언을 사용하는 대표적인 지역은 광둥성 동쪽의 메이시앤 지방이다.

⑦ 월방언

월방언은 광둥성, 홍콩, 마카오 등지에서 주로 사용되는 방언이다. 월방언의 월이라는 명칭은 전통적으로 광둥성 지역을 월이라 칭한 데서 유래한다. 서양 사람들이 중국어를 지칭하는 말 가운데 하나인 캔터니스(Cantonese)는 바로 이 월방언을 가리킨다. 월방언을 사용하는 대표 도시는 광둥성의 성도인 광저우이며 홍콩, 마카오 역시 월방언을 사용하는 도시이다. 광둥성은 상하이와 더불어 중국에서 경제적으로 가장 발달한 지역 중 하나로서 개혁 개방 정책을 기반으로 급속히 경제가 발전하였다. 이때문에 월방언 역시 많은 주목을 받고 있다. 표준어인 푸퉁화와 차이가 가장 큰 방언 중 하나이기도 하다.

7개의 대방언이 사용되는 지역의 면적은 어느 곳이나 우리나라보다 크다. 그러므로 그 안에서 사용되는 각 방언은 또 얼마나 많겠는가. 기독교의 경전인 성경에 보면 하늘에 올라가려고 사람들이 거대한 탑을 쌓는 이야기가 있다. 사람들이 탑을 한 층 한 층 올려 하늘에 가까이 다가가는 모습을 본 신은 신의 영역에 도전하는 무모한 욕망에 화를 내고 탑을 쌓던 인간들의 말을 서로 다르게 만들어서 의사소통이 불가능하게 만들어 버렸다. 결국 서로 말이 통하지 않으니 협력하여 일을 진행할 수가 없게 되고 원래 계획은 수포로 돌아가게 된다. 이 이야기는 역설적으로 사람들이 공통의 목표를 이루기 위해서는 의사소통 가능한 언어를 공유하는 것이 얼마나 중요한 일인지를 말해 준다.

중국과 같은 거대한 나라를 효율적으로 경영하기 위해서는 각 지역과 민족의 방언 차이를 극복하고 서로 의사소통할 수 있게 해주는 공통 언어를 갖는 것이 매우 중요하다. 중국은 중국 사람들이 방언에 관계없이 모두 표준으로 사용할 수 있는 공통 언어를 제정해서 보급했다. 공통 언어를 만든다고 해서 아무 출처도 없는 인공 언어를 만든다는 것은 아니고 역사적으로 사람들에 의해 두루 사용되었던 나름의 보편성을 갖고 있는 특정 방언을 기초로 해서 제정하게 된다. 중국은 오랜 기간 동안 황제와 귀족 그리고 고급 관리들이 살았던 베이징 방언을 공통 언어의 기초로 삼았다. 그렇게 해서 정해진 공통 언어 즉 표준어가 푸퉁화이다. 푸퉁화는 중국의 표준어로서 모든 학교에서 학생들에게 교육되고 있고 방송 언어로 사용된다.

그러면 푸퉁화는 어떤 속성을 갖고 있을까? 우리는 푸퉁화의 정의에서 그 특징을 찾을 수 있다. 다음은 푸퉁화의 공식적인 정의이다.

> '베이징음을 표준음으로 하고 북방방언을 기초방언으로 하며 모범적인 현대 백화문 저작을 문법 규범으로 삼는다.'

우선 발음은 북경 발음을 표준으로 삼는다. 예를 들어 中國의 國은 방언마다 읽는 방법이 다르다. 베이징 발음으로는 '구어', 감방언에 속하는 난창 발음으로는 '구엘', 민방언에 속하는 샤먼 발음으로는 '곡', 월방언의 광저우 발음으로 '구옥' 등등 방언마다 발음이 다르다. 또 중국 사람들이 처음 만났을 때 우리말의 '안녕하세요'처럼 쓰는 말은 *你好*인데 베이징 사람들은 '니하오'라고 하고 광저우 사람들은 '네이호우'처럼 발음한다. 또 헤어질 때 쓰는 인사는 再見인데 베이징 사람들은 '짜이 지앤'이라고 하고 광저우 사람들은 '쪼이 긴'처럼 발음한다. 이때도 역시 표준이 되는 발음은 베이징 발음이다. 어휘 역시 북방 방언에서 사용되는 어휘를 표준으로 삼는다. 가다에 해당하는 동사는 관화방언에서 走(저우), 월방언에서는 行(항)이다. 이 역시 베이징을 중심으로 하는 관화방언에서 사용되는 어휘를 표준으로 삼는다. 문법은 일상 생활에서 말하는 대로 적은 백화문 문장 중 유명 작가들의 작품에 사용된 문장을 기준으로 삼는다. 결국 따지고 보면 푸퉁화의 기초가 되는 가장 전형적인 방언은 베이징 방언인 것이다.

중국어의 문자가 한자임은 누구나 다 알고 있다. 그러나 현재 타이완과 홍콩, 마카오를 제외한 중국에서 사용되는 한자는 우리나라에서 사용하는 한자와는 많이 다르다. 가장 크게 다른 점은 중국 한자는 우리나라 한자에 비해 매우 단순하다는 것이다. 이런 단순화된 글자 모양은 역사의 자연스러운 변화에 의해 생긴 것이 아니라 중국 정부의 인위적인 노력에 의해 탄생하였다. 한자는 글자의 모양이 복잡하고 의미나 발음과는 큰 연관성이 없기 때문에[4] 글자를 배우고 익히기가 무척 까다롭고 시간과 노력이 많이 든다. 이때문에 전통적으로 중국에서는 글자를 읽고 쓰고 이해하고 글자를 가지고 작문을 할 수 있는 사람이 많지 않았다. 근대 시기 중국 지식인들은 한자의 이런 점이 국력의 약화를 가져온 한 요인

4) 한자의 초기 형태인 갑골문에서는 사물과 비슷한 상형성이 어느 정도 있었으 나 한대 이후 해서체 단계에 이르러서는 상형성이 거의 없어졌다고 보아야 한다.

이라 보고 한자를 개혁하자는 주장을 개진했다. 1949년 일반 국민 대중을 지지기반으로 하는 중화인민공화국이 수립되면서 한자 개혁이 드디어 본격적으로 추진되었다. 1956년 중국문자개혁위원회는 한자간화방안(漢字簡化方案)을 제출하여 대량의 한자를 단순화된 한자로 바꾸었다. 1964년 그간의 한자 단순화 작업을 정리하여 간화자총표(簡化字總表)를 내었고 이를 부분적으로 보충하여 1986년 수정된 간화자총표(簡化字總表)를 발표하여 한자 개혁을 마무리하였다. 이렇게 개혁된 한자를 보통 간화자(簡化字, 중국어로는 젠화쯔)라고 부른다.

간화자는 제정 이후 강력하게 보급되어 우리나라의 초등학교에 해당하는 소학교에서부터 교육되었고 모든 출판물에 적용되었다. 그 결과 중국의 문맹률을 낮추는 데 큰 기여를 했다고 평가받는다. 한편 중화인민공화국과 체제를 달리했던 타이완과 홍콩 및 마카오에서는 한자 개혁 사업의 영향을 받지 않았기 때문에 원래 전통적으로 사용하던 한자 모양을 그대로 이어 사용하였고 현재도 그렇게 하고 있다. 타이완, 홍콩, 마카오에서 사용되는 전통 한자를 간화자에 대비시켜 번체자(繁體字, 중국어로는 판티쯔)라고 한다. 결과적으로 현재 중국어의 문자는 간화자와 번체자가 공존하고 있으며 중국에서는 간화자가 공식 문자로 사용되고 있고 타이완과 홍콩, 마카오에서는 번체자가 사용되고 있다고 말할 수 있다.

간화자와 번체자 대조 예

번체자	간화자
無	无
話	话
傷	伤
歲	岁
聲	声
裏	里
歷	历
衛	卫
學而時習之	学而时习之

한자를 처음 배우는 사람들이 겪는 어려움은 복잡한 모양을 잘 익혀야 하는 데도 있지만 해당 글자의 정확한 발음을 알기 어렵다는 점에도 있다. 그래서 중국에서는 한자 개혁 사업의 일환으로 표음 기능이 강한 알파벳으로 한자의 발음을 표기하는 한어병음(漢語併音) 체계를 만들어 시행했다. 현재 한어병음은 한어 교육, 사전 검색, 한자 입력 등 여러 방면에서 활용되고 있다.

한어병음 체계는 한자의 발음을 직관적으로 파악하기 쉽도록 표음문자 중에서 가장 잘 알려진 알파벳을 활용하여 발음을 표기하는 체계이다. 예를 들어 중국의 수도인 北京은 한어병음으로 발음을 표기하면 beijing(베이징)이 된다. 중국어를 잘 모르는 사람이라도 beijing이라는 표기를 보면 대체로 그 발음이 어떠한지는 짐작할 수 있을 것이다.

한어병음 표기에 사용된 알파벳 문자들은 일부를 제외하고는 그 음가가 상식적으로 알려진 알파벳 문자의 발음과 별반 다르지 않다. 앞에서 예로 든 beijing의 bei를 보면 b는 영어 b 소리나 한국어 ㅂ/ㅃ 소리와 유사하고 ei는 한국어 '에이'와 유사하다. 다음은 한어병음 및 그와 유사한 한국어 발음을 대조한 것이다. 먼저 모음은 다음과 같다.

a ㅏ
e ㅓ/ㅔ
i ㅣ
o ㅗ (한국어 ㅗ보다는 입이 더 벌어짐)
u ㅜ
ü ㅟ (입술을 동그랗게 하고 내는 ㅣ)

자음의 경우는 다음과 같다.

한어병음	한국어 자음
b	ㅃ/ㅂ
p	ㅍ
m	ㅁ
f	영어 f (한국어에는 없음)
d	ㄸ/ㄷ
t	ㅌ
n	ㄴ
l	영어 l이나 받침 ㄹ
g	ㄲ/ㄱ
k	ㅋ
h	'흙'의 ㅎ 소리

z	ㅉ/ㅈ
c	ㅊ
s	ㅆ/ㅅ
zh	혀를 안으로 말아넣고 내는 ㅈ
ch	혀를 안으로 말아넣고 내는 ㅊ
sh	혀를 안으로 말아넣고 내는 ㅅ
r	혀를 안으로 말아넣고 내는 ㄹ
j	'지'의 ㅈ
q	'치'의 ㅊ
x	'시'의 ㅅ
ng	받침 ㅇ

한어병음은 앞에서 언급한 대로 중국어를 학습하는 사람들이나 표준어를 배워야 하는 아동들을 대상으로 하는 푸퉁화 교육 그리고 사전 및 기타 자료 검색에 많이 활용되고 있다. 무엇보다도 현대의 주 업무 도구이자 의사소통 수단인 컴퓨터와 스마트폰에 중국어를 입력할 때 한어병음이 활용되고 있다. 한자는 수도 많고 모양도 복잡하기 때문에 컴퓨터와 스마트폰에 직접 입력하기는 쉽지 않다. 반면 한어병음을 활용하면 같은 발음을 가진 한자들이 있을 경우 그 중 원하는 한자를 선택해야 하는 과정이 한 번 더 추가되기는 하지만 발음만으로도 원하는 내용을 빠르게 입력할 수 있고 또 기존의 영문 자판을 활용할 수 있어서 한자 입력 방법으로 유용하게 활용되고 있다.

2. 현대 중국의 형성

2. 현대 중국의 형성

2.1 중국 혁명

1921년 제1차 중국 공산당 전국대표자대회가 상하이에서 개최되었다. 이때 당원 수는 50명 내외에 불과했다. 이들은 29년 후인 1949년 중국 혁명에 성공하고 중화인민공화국을 수립했다. 이들이 성공할 수 있었던 이유는 19세기 말부터 쌓아 온 공산당 지도자들의 역사적 경험 덕분이었다. 1911년 일어난 신해혁명은 청 왕조를 무너뜨리고 민주적 공화정을 수립했으나 민주적 정치 체제를 세우는 데 이르지 못하고 군벌들이 할거하는 상황으로 귀결되고 말았다. 이에 천두슈 등 중국 지식인들은 문화적 각성 운동이 필요함을 절실히 깨닫고 신청년 등의 잡지를 발간하고 봉건 질서를 철저히 배격하며 서구식 자유주의를 전격 수용할 것을 주장하는 신문화운동을 전개해 나갔다.

제1차 세계대전이 종전되자 중국 민중들은 서양 열강들이 중국으로부터 앗아갔던 권리와 땅을 되돌려 줄 것으로 기대했다. 그러나 기대와는 달리 독일이 조차지였던 산둥을 일본에게 넘겨주자 기대는 배신감으로 바뀌고 서구의 자유주의적 가치 자체를 거부하는 움직임이 일어나기 시작했다. 학생들은 무능한 정부와 서구 열강의 위선적 행태에 대하여 항의하였고 노동자와 상인들의 파업이 이어지며 민중들의 광범위한 지지를 받았다. 이에 중국은 조약을 조인하지 않았다. 한편 소련은 과거에 중국과 맺었던 불평등

조약을 파기하는 카라한 선언을 발표했다. 이러한 서구 제국의 움직임에 대한 반감으로 인한 서구 자유주의 가치에 대한 거부, 소련의 카라한 선언, 민중들의 역사 변혁에 대한 자신감 등이 공산당을 창당하게 한 원동력이 되었다.

중국 공산주의 운동은 크게 세 시기로 나뉜다.[5]

① 1921–1927 : 국공합작에 기초한 국민혁명 시기

이 시기에 공산당은 반군벌, 반제국주의 기치 아래 국민당과 함께 중국의 통일과 독립을 목표로 하는 국민혁명을 위해 군벌들과 싸웠다. 국민당의 지도자 장제스의 쿠테타로 국공합작은 와해되었고 공산당 조직은 지하로 숨었다.

② 1927–1935 : 농촌 소비에트 건설 시기

공산당은 이 시기에 농촌에 소비에트[6]를 집중적으로 건설했다. 이 시기에 만들어진 소비에트 중 가장 세력이 큰 소비에트는 마오쩌둥의 루이진 소비에트였다. 국민당의 장제스는 루이진 소비에트를 없애는 데 전력을 쏟았다. 결국 공산당은 국민당 군대의 공세를 견디지 못하고 루이진 소비에트를 버리고 서북 지역의 옌안으로 2만 5천리에 가까운 이동을 시작했다. 이것이 그 유명한 중국 공산당의 대장정이다.

---

5) <차이나핸드북> 성균중국연구소, 92-93쪽

6) 노동자, 농민, 병사 등의 민주적 자치 기구

③ 1935–1949 : 마오쩌둥의 등장과 혁명 성공

대장정을 거치면서 마오쩌둥은 최고 실력자로 등장하였다. 그는 옌안을 근거지로 농촌 혁명 정책을 실시하여 혁명 세력을 빠르게 확장시켜 나갔다. 또 중일 전쟁 동안 게릴라전을 통해 일본에 대항하며 세력을 넓혔다. 1936년에서 1945년 사이 병력 수는 1만 명에서 100만 명이 되었고 공산당원 수도 4만에서 120만 명으로 늘어났다. 그리하여 1945년 공산당은 이미 농촌 지역에서 1억 이상의 인구를 통치 하에 두고 있었다.

1945년 일본이 패망하여 중국에서 철수한 이후 국민당과 공산당은 충칭회담을 열어 평화 문제를 논의하려고 했다. 그러나 회담은 결렬되고 양 당은 즉각 내전에 돌입하였다. 애초에는 서구의 지원을 받은 장제스의 국민당이 승리할 것으로 예상되었으나 농민들의 광범위한 적극적 지지를 받은 마오쩌둥의 공산당이 승리하였다. 중국 공산당은 1949년 10월 10일 천안문 광장에서 중화인민공화국의 출발을 선언하였다.

2.2 중화 인민 공화국의 출발

1949년 10월 1일 중국인민 신정치 협상회의에서 중국의 새로운 정치제도에 대한 공동 강령이 제정되었다. 강령에 따르면 신중국은 노동자와 중국 공산당의 지도 아래 농민 계급, 소자산 계급, 민족 자산계급이 연합하여 지주 계급과 관료 부르조아지 및 이를 대표하는 국민당 반동파에 대한 독재를 취하는 인민민주주의 독재 국가였다. 건국 이후 중국 공산당은 가장 먼저 소련과의 관계를 설정하는 일에 주목하였다. 마오쩌둥은 3개월 간 소련에 머물면서 우호 조약을 체결했고 소련으로부터 경제 원조를 받아냈다. 그리고 소련형 체제를 중국이 취해 가야 할 모델로 정하였다.

중국 정부는 건국 후 체제 정비에 박차를 가하고 국력을 쏟으려고 했으나, 1950년 한국에서 한국 전쟁이 발발하면서 전쟁에 참전하게 되었다. 중국은 세계 최강의 전력을 가진 미국과 대결해야 했다. 이때문에 중국은 막대한 국력 손실을 입었고 전쟁이 끝난 후 미국으로부터 경제 봉쇄를 당하여 경제 부흥 계획에 타격을 입었다. 이런 어려움 속에서도 사회 체제를 정비하려는 여러 가지 정책들이 집행되었다. 농업 부문에서는 1950년 6월 30일 토지개혁법을 발표하고 지주의 토지와 가축을 몰수하여 재분배하였다. 경제 부문에서는 국영 기업을 강화하고 사영 기업을 강하게 통제하기 시작했다. 사회 문화적으로는 1951년부터 관료주의와 상공업자의 부패 행위를 반대한다는 목표 아래 삼반 오반 운동이라는 대중 운동을 벌였다. 이러한 대중 운동에는 정치적 반대 세력에 대한 통제를 강화하고 정권의 기반을 다지려는 목표도 있었다.

이와 같은 체제 정비 노력을 바탕으로 중공업 발전을 최우선으로 하는 소련식 경제 발전 전략을 시도하기 위해 1953년 국가 경제 건설 1차 5개년 계획을 수행하기 시작했다. 경제 건설 초기에는 꽤 많은 성과를 거두어 1956년 농업 및 공업 생산량은 애초 생산 목표량을 훨씬 상회하였다. 이에 자신감을 얻은 마오쩌둥은 예상보다 빠른 속도로 사회주의적 개조를 진행하였다. 1956년과 1957년에는 예술 및 학술 연구에 있어 자유로운 토론과 의견 개진을 장려하는 이른바 쌍백(백가쟁명과 백화제방)을 전개하였다. 쌍백 하에 지식인들은 토론과 논쟁을 통해 많은 의견을 개진할 수 있었고 그 중에는 공산당 정책과 노선에 대한 이의 제기도 있었다. 공산당 정책에 대한 비판의 수위가 예상보다 높아지자 1957년 이른바 반우파투쟁이라는 역풍이 일어났다. 반우파투쟁으로 인해 많은 지식인들은 우파분자로 몰려 수모를 겪었고 이후 자유롭게 의견을 개진하던 분위기는 완전히 사라지고 점차 경직된 사회가 되어갔다.

1958년 반우파투쟁이 종료되고 중국은 국가 경제 건설 제 2차 5개년 계획을 실시했다. 이 시기의 주요 경제 목표는 철강 생산량을 크게 늘리는 것이었다. 소련의 인공위성(스푸트니크호) 발사 성공에 강한 영향을 받은 마오쩌둥은 15년 안에 영국을 따라잡겠다고 선포하고 철강 생산을 독려하였다. 전국적으로 인민공사를 설립하여 집단 노동, 집단 생산, 집단 분배를 통해 생산력을 끌어 올리려 하였고 각지에 제철 용광로를 설치하여 철강 생산량을 최대한 높이려 하였다. 이러한 일련의 흐름을 흔히 대약진 운동이라 한다. 대약진 운동은 마오쩌둥의 희망과는 달리 비참한 실패로 끝나고 말았다. 농촌 노동력을 과도하게 철강 생산에 투입한 결과 곡물 생산량이 급감했고 심지어는 농기구까지 징발해 버려서 농사를 지을 수조차 없는 상황이 벌어지기도 했다. 게다가 각지의 용광로에서 생산된 철강은 철강으로 사용할 수 없을 정도로 품질이 떨어지는 경우가 많았다. 이에 겹쳐 기후적으로도 가뭄이 들면서 1958년부터 1961년까지 수많은 사람들이 기아에 허덕이다 사망했다. 당시 기아로 인한 사망자 수는 적게는 2000만 명에서 많게는 3500만 명까지로 추정된다. 결국 1차, 2차 5개년 계획을 통해 경제를 부흥시키려던 계획은 참담한 실패로 끝나고 농촌의 황폐화만을 초래하고 말았다.

2.3 문화대혁명

대약진 운동 실패 후 문제를 조정하고 경제를 회생시키기 위해 류사오치와 덩샤오핑이 중심이 되어 경제 정책을 조정하려고 하였다. 덩샤오핑은 경제를 부흥시키기 위해서 실용주의적 노선을 염두에 두고 있었다. 그러나 마오쩌둥은 자본주의적 요소를 도입하는 소련식 수정주의 모델을 비판하고 중국식 공산주의 모델을 학습하는 운동을 전개했다. 마오쩌둥의 이러한 태도는 바로 중국의 60년대와 70년대를 뒤흔든 문화대혁명으로 이어졌다.

1965년 11월 10일 상하이의 언론인 야오원위안이 문회보(文匯報)에 우한의 연극 <해서파관>을 비판하는 글을 게재하면서 문화대혁명은 시작되었다. 문화대혁명에는 중고등학생과 대학생이 중심이 된 홍위병이 동원되었다. 홍위병들은 기성 권위와 체제 그리고 가치를 모두 부정하고 전국을 돌며 소위 낡은 것들을 파괴하였다. 홍위병들은 반혁명 인사로 지목된 인물들에게 공개적으로 자아비판 하도록 강제하였다. 이때문에 수많은 고위 당정 간부, 지식인, 학자들이 모욕을 받고 투옥되었으며 심지어 자살로 내몰리기까지 했다.

홍위병 운동은 점차 폭력 투쟁으로 번졌고 권력 쟁탈전이 되어갔다. 마오쩌둥은 1968년 후반 홍위병들을 도시에서 추방하여 농촌 지역으로 들어가도록 했다. 홍위병 운동은 이로써 종결되었고 혁명위원회와 인민해방군이 권력 기구가 되어 질서를 유지하였다. 1969년 린뱌오가 마오쩌둥의 후계자로 지목되어 실권자로 떠올랐으나 얼마 지나지 않아 두 사람 사이에 이견이 노출되었다. 이에 린뱌오는 1970년 마오쩌둥 암살 계획을 세웠으나 결국 실패하고 의문의 비행기 사고로 사망하였다. 이 사건은 문화대혁명의 권력 투쟁적 속성을 잘 보여주는 일례라 하겠다.

이후 권력은 왕훙원, 장춘차오, 장칭, 야오원위안 등 이른바 사인방에게 돌아갔다. 이 시기에는 저우언라이가 질서 유지의 핵심적인 역할을 맡아 수행했으며 덩샤오핑도 복귀하였다. 1976년 저우언라이와 마오쩌둥이 잇달아 사망하면서 문화대혁명은 종식된다. 문화대혁명이 종결된 후 사인방은 즉시 체포되어 처형되었고 덩샤오핑이 정국의 주도권을 쥐고 이전 시대와는 다른 새로운 질서를 계획하고 추진하게 된다. 그것은 바로 개혁 개방 노선이었다.

2.4 개혁 개방

문화대혁명의 종식은 현대사의 한 시기를 마감함과 동시에 그때까지 추진해 왔던 중국의 발전 전략을 재고하는 계기가 되었다. 마오쩌둥 통치 기간 동안 중국의 경제는 의미있는 성과를 보여주기도 했다. 예를 들어 1952년부터 1977년까지 중국은 공업화 속도가 연평균 11.3%에 달했다. 이는 세계 국가들 중 가장 빠른 속도였다. 또한 경제 성장률도 같은 기간 연 6% 정도여서 경제 발전을 이루어야 하는 국가들 중에서는 그리 나쁜 편이 아니었다. 그러나 이러한 성과로 얻어진 자본은 경제 각 부문에 고르게 배분되기 보다는 중공업 및 군수 산업 우선 정책에 따라 중공업과 군수 산업에 집중적으로 투자되었다. 그 결과 중공업과 군수산업은 크게 발전하였으나 경제 전체적으로는 심각한 불균형을 초래했고 국민의 생활 수준도 나아지지 않았다. 국민의 소비와 복지를 뒷받침할 재정의 규모는 계속해서 축소되어 개개인의 삶의 질 개선으로 이어지지 못했던 것이다. 개혁 개방 정책이 시작되던 78년 경 농민들의 삶을 보면 당시 농민 인구가 8억 명 정도였는데 그 중 2억 5천만 명이 절대 빈곤 상태였다고 하고, 전체 노동자 중 70%가 최저 수준의 생계를 이어가고 있었다고 한다. 결국 중화인민공화국 수립 이후 국민들의 삶의 수준은 20여년간의 노력에도 불구하고 건국 초기의 기대만큼 나아지지 않았던 것이다.

덩샤오핑 등의 개혁 성향 지도자들은 상황을 심각하게 받아들였다. 이에 농촌의 실제 상황을 파악하고자 했는데 1977년 안휘성 당서기 완리가 안휘성 농촌 실태를 조사한 결과 놀랍게도 농민 4천만 명 중 3천 5백 만이 의식주를 해결할 수 없는 빈곤 상태에 있었다고 한다. 이러한 결과를 받아들고 덩샤오핑을 포함한 공산당 지도부는 개혁 성향 여부에 상관없이 민생 문제와 경제 발전이 가장 시급한 문제임을 인식하게 되었고 이것을 국가 최우선 해결 과제로 삼아야 한다는 데 쉽게 합의했다. 또한 문화대혁명 기간 동안 하방되었던 청년들이 대거 도시로 돌아왔다. 그 전까지 도시는 엄격한 호구제 덕에 농촌에 비해서는 청년 고용률이 좋은 편이었으나 그들의 귀환으로 도시에서도 대규모 실업 문제가 발생하였다. 이전의 계획 경제 하에서 운영되어 왔던 국영기업들은 귀환한 청년들을 고용할 능력이 없었고 중공업 위주의 계획 경제 체제에서는 청년들이 활동할 새로운 경제 공간을 창출할 수 없었다. 그러므로 이전의 계획 경제와는 다른 경제 체제를 생각할 수밖에 없었다.

한편 1949년 중화인민공화국 성립 이후의 여러 가지 정치적 사건들로 인해 수많은 정치적 피해자들이 발생했다. 무엇보다도 가장 심각한 피해는 문화대혁명 기간에 유발되었는데 간부 1700만 명 중 17.5%에 달하는 289만 명이 정치적 박해를 받았고 기층 간부, 일반인, 가족을 합치면 피해자 수는 1억 명에 달한다. 고위 간부는 차관급 이상 1253명 중 1011명(81.9%)이 정식 조사를 받았고 543명(36%)이 배신자, 간첩, 수정주의자 등으로 규정되어 심하게 박해 받았다. 또 문화대혁명의 결과 중국 사회는 혁명 계급과 반혁명 계급, 간부 신분과 노동자 신분 등 여러 가지 정치적 신분, 사회적 신분에 의해 국민들이 분열되고 말았다. 이때문에 중국 국민들은 문화대혁명에 대한 역사적 청산과 분열된 사회의 통합을 원했다.

그러한 작업의 상징적 과제는 1976년 실권을 잃었던 덩샤오핑의 복권 여부였다. 1976년 저우언라이 추모식은 덩샤오핑과 화궈펑으로 대변되는 두 정치 세력의 명암을 갈라놓았는데 추모식과 관련된 사건으로 인해 덩샤오핑은 권력을 잃었고 화궈펑은 마오쩌둥의 후계자로서 권력을 잡았기 때문이다. 개혁 성향의 덩샤오핑의 재등장은 문화대혁명 이후의 새로운 질서를 기대하게 하는 일이었다. 역사적 청산 문제와 관련하여 화궈펑 세력은 마오의 계승자였기 때문에 개혁에 소극적일 수밖에 없었다. 반면 덩샤오핑의 입장에서는 국민적 지지 기반을 넓히기 위해서 민생 문제 해결과 경제 발전을 위한 노선으로서의 개혁 정책을 적극적으로 제기하고 추진하는 것이 유리했다.

문화대혁명이 종식되면서 그 과정에서 권력을 잃었거나 축소되었던 정치 세력에 대하여 권력을 재분배해야 했다. 덩샤오핑은 혁명 1세대로서 정치적 위상 자체는 화궈펑 세력보다 훨씬 높았기 때문에 권력 재분배 과정에서 그들보다 하급에 놓이는 일은 생각할 수 없었다. 또 문화대혁명 이후 새로운 정치 질서를 만듦에 있어 수구적 입장을 가진 화궈평 세력과 대립해야 했다. 그러나 정치적인 입장에 따른 대립에도 불구하고 민생 문제를 해결하고 경제를 발전시켜 나락에 빠진 국가를 되살려야한다는 점에 대해서는 양 세력 모두 공삼하고 있었다. 중국 경제가 신속히 발전하기 위해서는 대외 개방이 필수적이라는 점은 마오쩌둥으로부터 권력을 승계한 화궈평 세력이나 개혁 노선을 천명했던 덩샤오핑 세력이나 정치 문제에 관한 투쟁에 상관없이 공감하는 바였다. 그래서 화궈평 역시 이미 1978년 이후 대규모 해외 시찰단을 파견하여 새로운 경제 발전 모델을 찾으려고 하였다.[7]

7) <개혁과 개방-덩샤오핑시대의 중국> 조영남 55쪽-64쪽

2.5 6.4 톈안먼 사건과 남순 강화

6.4 톈안먼 사건은 톈안먼 민주화 운동이라고도 한다. 1989년 6월 3일과 4일 양일에 걸쳐 베이징의 톈안먼 광장에서 중국 군대가 무력을 이용하여 시위 군중들을 유혈 진압한 사건이다. 개혁 개방 체제가 시작된 이후 80년대에는 농촌과 도시의 경제 상황에 차이가 있었다. 농촌은 개혁에 성공하여 생산량이 비약적으로 증가한 반면 도시 지역에서는 애초의 기대와는 달리 빈부 격차가 심해지고 물가가 앙등하는 등 부정적인 현상이 나타나기 시작했다. 특히 도시에서 일하는 노동자들은 인플레이션으로 인해 생활고를 겪게 되면서 불만이 많아졌다. 여기에 더해 시장 제도가 아직 불안한 틈을 이용하여 관료들이 이익을 챙기는 부패 현상이 많이 일어나 불만을 증폭시켰다.

1986년 말 허페이 과학기술대학 학생들이 관료 부패 척결을 요구하며 시위를 시작했고 이에 호응하여 베이징 등 전국 도시에서 연이어 시위가 일어났다. 당시 총리였던 후야오방은 학생들의 시위에 온건하게 대처했는데 이에 중국 공산당 지도부는 불만을 품고 그를 실각시켰다. 결국 그는 얼마 후 사망하였다. 이에 학생들은 후야오방을 추모하기 시작했고 총리와의 면담을 요구하였다. 학생들은 면담 요구가 거절되자 수업 거부 운동을 벌여 항의하였고 덩샤오핑은 이를 사회주의를 부정하는 운동이라고 비난하였다. 애초 학생 시위에서 비롯되었던 항의 집회는 학생의 범위를 넘어서 사회 각층을 아우르는 시위로 변하였다. 1989년 5월 20일 리펑 총리는 베이징 시에 계엄령을 선포했다. 시민들은 계엄 조치에 더욱 격분하여 시위대로 모여들었고 5월 23일에는 백만 명 이상의 군중이 톈안먼 광장에 모여 시위를 벌였다. 베이징 시 이외의 주요 도시에서도 시위가 일어났다. 6월 3일 중국공산당은 톈안먼 광장에 군대를 투입하여 6월 4일까지 시위대를 모두 유혈 진압하였고 이로써 톈안먼 시위는 끝나고 민주화를 요구하던 목소리는 좌절되었다.

톈안먼 사건은 개혁 개방 체제 이후 중국 경제가 시장경제로 통합되면서 사회적 불평등 확대라는 모순이 확대되어 가다가 폭발한 사건이라고 볼 수 있다. 또한 정치적인 측면에서는 시장경제의 확대와 더불어 체제 내 정치적 자유와 민주화 확대 요구가 덩샤오핑 체제가 줄곧 고수했던 정치 방면에서의 권위주의적 통제 고수 방침과 충돌하여 벌어진 사건이라고 볼 수 있다. 톈안먼 사건 이후 중국은 도시 시민들의 정치적 힘에 주목했고 이때문에 농촌 개혁 작업보다 도시 개혁과 발전 작업을 더 중시하게 되었다. 또한 지식인들을 체제 내로 흡수하는 한편 애국주의 교육 운동을 강화하여 보수화의 길을 걷게 되었다. 또 한편으로는 중국 지도부 내에서 개혁 개방 노선에 대한 비판이 일어나 사회주의 계획경제로 돌아가자는 움직임이 일어났다. 이를 계기로 개혁 개방 노선은 동력을 잃어가게 되었다.

1992년 덩샤오핑은 동력이 약화된 개혁 개방 노선의 정당성을 재천명하고 떨어진 동력을 끌어올리기 위해 남쪽으로의 특별한 여행을 시작했다. 그는 첫번째 도착지인 우창에서 사회주의, 개혁 개방, 경제 발전, 인민 생활 개선 없이는 죽음의 길만이 있을 뿐이라는 유명한 일성을 발표하였고, 이후 창사, 선전, 주하이, 광저우, 상하이, 난징, 베이징을 두루 거치면서 남방의 개혁 개방 도시를 순방하고 이 과정에서 자신의 개혁 개방에 대한 견해를 발표했다. 당시는 경제 체제 전환으로 인한 경제 불안, 톈안먼 사건으로 인한 사회적 불만 고조, 계획 경제의 구체제 유산 잔존 등으로 인해 개혁 개방 노선 자체의 진로가 불투명한 상태였다. 이에 덩샤오핑은 이전보다 발전된 경제 발전 구상을 밝힘으로써 개혁 개방의 정당성을 설파하고 이를 계속 추진해 나갈 동력을 얻고자 당시 88세의 고령임에도 이와 같은 여행을 단행한 것이었다. 이 여행을 역사가들은 남순강화라고 부른다. 남순강화 기간 동안 덩샤오핑이 밝힌 말들은 문건으로 작성되어 당 간부들의 학습물이 되었고 1992년 14차 중국공산당 당대회에서 시장경제 사회주의라는 이름으로 체계화되었다. 시장경제 사회주의는 1997년 15차 중국공산당 전국대표대회에서 중국공산당의 당 강령인 당장에 덩샤오핑 이론이라는 이름으로 삽입되었다. 이는 덩샤오핑 이론이 마르크스-레닌 주의, 마오쩌둥 주의와 더불어 중국 공산당의 핵심 지도 사상이 되었다는 뜻이다.

3 중국의 정치 체제

3. 중국의 정치 체제

3.1 중국 정치 체제의 특징

중국 정치 체제의 가장 큰 특징은 공산당이 우위에 서서 사회와 국가를 지배하는 당-국가 체제에 있다. 중국 정치의 핵심 주체는 공산당이다. 공산당은 일당 독재를 시행하며 공산당 산하 조직을 이용하여 국가 기관과 사회 모든 영역의 운영에 관여한다. 공산당은 중앙조직과 지방조직 이외에 8,000여만 명에 이르는 공산당원과 수많은 기층 조직을 이용하여 국가와 사회 전체를 통치하고 있다. 이처럼 공산당은 모든 국가 기관과 사회보다 우위에 서서 당의 노선과 통치 철학에 따라 국가를 운영한다. 즉 공산당은 바로 국가와 동급인 셈이다. 이런 체제를 당-국가 체제라고 하며 이 점이 정치 제체에 있어 다른 민주주의 국가들과 가장 다른 점이다. 또한 중국은 언론 출판의 자유가 완전히 허용되고 결사의 자유가 보장되며 헌법에 의해 국가 운영이 통제되는 민주주의 체제가 아닌 전체주의와 권위주의가 결합된 체제이다. 이를 분절된 권위주의 체제라고 한다.

둘째, 중국의 정치 체제는 관료 권위주의적이다. 중국은 미국이나 서유럽 선진국과 같은 민주 국가가 아니다. 그러나 완전한 독재 국가라고 할 수도 없다. 독재 국가는 한 사람의 정치 지도자가 권력을 쥐고 국가 기관 위에 서서 통치하는 체제를 말한다. 중국은 한 사람의 지도자에 의해 국가가 운영되지 않고 방대한 조직을 갖춘 공산당이 운영한다고 보아야 한다. 중국의 최고 권력자인 국가 주석이 어떤 정책을 결정하려면 일정한 합의 과정을 거쳐야 하고 국가 주석의 통치에 대한 나름 제도화된 제약들이 있어서 비교적 지속적으로 지켜지고 있다.

권력의 승계에 있어서도 일반적으로 독재 국가에서는 전임자가 사망했을 경우 권력이 이양되는데 중국은 최고 권력자의 임기를 정해놓고 있고 임기가 종료되면 권력이 이양되는 형태를 취하고 있고 후임 권력자의 승계 구도를 미리 예측할 수도 있게 되어 있다. 덩샤오핑은 1992년 제 14차 전국 공산당대표대회에서 은퇴를 선언한 후 장쩌민에게 권력을 넘겼고 장쩌민은 16차 대회에서 후진타오에게 권력을 넘겼으며 후진타오는 2012년 18차 대회에서 시진핑에게 권력을 이양했다. 이런 권력 승계 방식은 권력을 둘러싼 투쟁과 그로 인한 정치 불안을 방지할 수 있고 자연스럽게 새로운 젊고 새로운 아이디어를 가진 인물들을 지속적으로 유입시킬 수 있다는 점에서 안정적이고 지속 가능하다.

세째, 공식적으로는 중앙집권화가 이루어져 있지만 실제로는 상당한 지방 분권화가 이루어지고 있다. 중앙 정부와 지방 정부 간에 권력 분점은 없다. 그러나 실제로는 지방 정부가 상당히 높은 수준의 재량권과 자율권을 갖고 있다. 예를 들어 국가 예산 중 지방 정부에서 집행하는 비율은 2004년 IMF 연구에 따르면 민주국가가 25%, 비민주국가가 18% 정도이다. 그러나 중국은 1958년에서 2002년 사이에는 54%였고 2014년에는 85%까지 상승했다.

이는 권위주의 국가로는 보기 드물 정도로 높은 비율이다. 덩샤오핑이 개혁정책을 추진할 때에도 경제 특구 제정 같은 지방분권화 방식을 도입하였었다.

그러면 지방 정부는 중앙 정부의 명령에 관계없이 독자적으로 정책을 결정할 수 있는가? 지방 정부에는 보통 성이 포함되는데, 만약 성을 중앙 정부의 일부로 간주한다면 지방 정부의 비중은 어떻게 될까? 재정 수입은 40%에서 34%로, 재정 지출은 73%에서 51%로 감소하는 등 전체적인 비중이 줄어들어 중앙 정부와 무관하게 행동할 정도로 비중이 높다고는 할 수 없게 된다.

중국의 지방 분권화 정도를 이야기할 때 다음과 같은 사항을 고려해야 한다.

① 지방 정부는 조세 정책이나 세율을 정할 권한이 없고 중앙 정부가 정한 기준에 따라야 한다.

② 지방 정부의 고위 관료는 대부분 중앙 정부가 임명하고, 중앙 정부의 명령에 따라 성 별로 순환 근무한다. 또 공산당 중앙기율위원회가 감시한다.

중앙 정부와 지방 정부 간에는 다음과 같은 문제가 있다.

① 중앙 정부는 여러 가지 정책을 통해 지방 공무원의 자율성을 통제하려 하나 지방 정부는 여러 가지 대응책을 찾아내어 대응한다.
② 지방 정부에는 예산 외 수입원(각종 수수료, 토지 매각 대금, 임대대금 등)으로 예산 외 지출을 감당하는 관행이 만연해 있다.
③ 지방 정부는 공식적으로는 차입이 금지되어 있으나 실제로는 부채가 많다.

중앙 정부와 지방 정부 간 알력 다툼에 대해 어느 한 쪽의 옳고 그름을 따지는 일은 별로 유익하지 못하다. 중앙 관료들은 지방 공무원들이 부패하고 무능하기 때문에 정책 효과가 떨어진다고 생각한다. 지방 공무원들은 중앙 관료들이 무분별하고 모순적인 정책을 강요하기 때문에 현장에서 고생하는 자신들의 노력이 제대로 평가받지 못하고 있다고 생각한다. 양쪽 다 나름의 논리와 이유가 있는 것이다. 정작 중요한 일은 알력 다툼의 구조적 원인을 인식하는 일이다. 중국과 같이 거대한 영토를 가진 국가에서는 통제를 강화하려는 중앙 정부와 자율성을 확대하려는 지방 정부 간에 늘 이해 관계의 상충이 발생하게 마련이다. 또 공무원들에게 성과에 따라 보상을 해 주는 인센티브 제도는 공무원들을 일하게 하는 수단이기도 하나 한편으로는 불건전한 정책을 추진하게 하는 원인이 되기도 한다.[8]

8) <127가지 질문으로 알아보는 중국경제> 아서 크뢰버, 23-26쪽, 159-161쪽

3.2 중국 공산당

공산당은 중국의 실질적 최고 권력 기관이다. 2014년 기준으로 공산당의 당원 수는 8779만 명으로 전체 인구의 약 6-7% 정도가 공산당원이다. 중국 공산당의 조직 구조는 피라미드형 위계 구조로 되어 있다. 조직이 방대하여 모든 구성원이 수시로 모여 의사결정을 내리는 일은 사실상 불가능하기 때문에 5년에 한 번씩 중국 공산당 전국대표대회를 개최하여 중요한 정책을 결정한다. 중국의 최고 지도부가 선출되는 시기도 이때이다.

헌법 상 중국 공산당의 최고 의결 기구는 중국공산당 전국대표회의이다. 이 회의는 전국의 공산당 기층 조직에서 선출된 대표들이 모여 안건을 의결하며 1977년 이후로는 5년마다 한 번 씩 정기적으로 개최되고 있으며, 2017년까지 모두 19차례 개최되었다. 중국공산당 전국대표회의에서 결정되는 가장 중요한 사항은 공산당 중앙위원회 위원 선출이다.

중국 공산당 전국대표회의의 선출을 통해 구성되는 중앙위원회는 정위원과 후보위원으로 구성되어 있다. 그 중 실질적인 의결권을 갖는 쪽은 정위원이다. 중앙위원회는 중앙정치국 위원과 상무국 위원을 선출할 권한을 갖고 공산당 군사중앙위원회 주석과 부주석 선출권도 갖고 있다. 사실상 중국 최고 지도부를 결정하는 권한을 갖는 셈이다. 또한 당의 활동 전반을 지도하고 대외적으로 당을 대표한다. 현재 중국을 실제로 움직이는 파워 엘리트 집단을 꼽으라면 중앙위원회를 들 수 있다.

앞서 중국 공산당의 최고 의결 기구는 중국공산당 전국대표회의라고 하였으나 실질 권력은 중국공산당 정치국이 갖고 있다. 정치국은 매년 중앙위원회 전체회의(중전회)를 소집하며 전체회의 기간이 아닐 때 중앙위원회 권한을 행사한다. 정치국은 모두 25명으로 구성되어 있으며 그 각각은 정치국 위원으로 활동할 뿐만 아니라 업무 영역에 따라 국가의 주요 직책을 동시에 맡는다. 정치국 위원 25명 중 내부 투표를 통해 다시 7명을 선발하며, 이들이 정치국 상무위원회를 구성한다. 이 7인의 상무위원들이 바로 중국 정치 엘리트 중의 엘리트들이며 중국을 움직이는 최고 권력자들인 셈이다. 그들은 국가와 당에 관련된 모든 정책을 최종적으로 결정하며 당, 정부, 군부 고위직의 인사권을 쥐고 있다. 보통 중국 정치의 최고 지도부라 하면 이들 공산당 정치국원 25명과 상무위원 7명을 가리킨다. 중국공산당을 대표하는 당 총서기는 7명의 상무위원 중 한 사람이 담당하며 현재의 총서기인 시진핑 역시 이 7명의 상무위원 중 한 사람이다. 이 7인의 정치 엘리트들은 파벌 및 정치 세력 간의 타협과 균형 조정에 의해 구성되며 한 사람이 권력을 독점하지 않고 나누어 갖는 권력 분점 체제를 유지한다.

3.3 권력 승계

중국 정치 체제에서는 국정을 운영하는 집권 정당인 공산당과 경쟁하여 정권을 교체할 수 있는 잠재적 대안 정당으로서의 야당이란 존재하지 않는다.[9] 정권 교체를 목표로 하는 야당이 없으므로 민주주의 국가와 같은 정당 간 권력 이양도 없다. 그래서 중국에서의 정권 교체라 하면 선거에 의해 집권 정당이 교체되는 일이 아니라 공산당 자체 내에서의 논의와 결정을 통하여 당 내부의 정파 세력이 교체되는 것이고 그러한 정파를 대표하는 국정 운영 인물들이 교체되는 일인 것이다. 즉 차기 지도자 및 그와 국정을 함께 운영할 지도부가 공산당 내부의 논의와 인정을 거친 후 미리 등장하여 적절한 시점에 전임 지도부로부터 권력을 이양 받는 방식으로 권력이 교체된다.

중국에서 정치 지도자의 교체는 흔히 정치 세대의 교체로 일컬어진다. 이때 세대란 비슷한 나이를 가진 인물들이 지도부가 된다는 뜻이라기보다는 유사한 역사적 · 정치적 경험을 가진 인물

9) 물론 민주당파라 불리는 소수정당이 있기는 하나 아직까지는 독자적인 수권능력을 추구하는 정당이라기보다 중국공산당 1당 통치의 정당성을 강화해 주는 형식적인 기구라고 할 수 있다. 이들은 중국 사회 각층의 유명 지식인들을 포함하고 있고 정협을 통해 정치적 의견을 개진하며 좌담회나 포럼 등을 통해 목소리를 내기도 한다. 민주당파에 속하는 정당으로는 중국국민당혁명위원회, 중국민주동맹, 중국민주건국회, 중국민주촉진회, 중국농공민주당, 중국치공당, 구삼학사, 타이완 민주자치동맹 등이 있다.

들이 시대 정신을 공유하며 함께 국정을 운영한다는 뜻에 가까울 것이다. 현재 중국 정치 지도부의 통치 기간은 10년으로 정착되어 있고 이때문에 중국은 현재 10년 단위로 정치 세대가 바뀐다고 할 수 있다. 정치 세대에 따라 역대 중국 정치 지도부를 설명한다면 제1세대 지도부는 마오쩌둥을 대표로 하는 혁명 건국 세대이고 제2세대 지도부는 마오쩌둥이 사망하고 문화대혁명이 종식된 이후 개혁 개방 노선을 견지한 덩샤오핑 중심의 지도부를 말한다. 제3세대 지도부는 시장 경제 제체를 발전시키고 고도 성장을 이루어 낸 장쩌민, 주룽지 중심의 지도부이고 제4세대 지도부는 조화사회와 과학적 발전관을 주창한 후진타오, 원자바오의 지도부이다. 2012년부터 중국을 이끌어 가고 있는 시진핑, 리커창의 지도부는 제5세대 지도부라고 할 수 있다. 중국의 정치 일정이 예정대로 진행된다면 2022년에 제6세대 지도부가 탄생할 것이다.

[표 6] 역대 정치 세대와 주요 인물

세대	주요 인물	시기
제1세대	마오쩌둥-저우언라이	1949-1976
제2세대	덩샤오핑-자오쯔양	1977-1992
제3세대	장쩌민-주룽지	1992-2002
제4세대	후진타오-원자바오	2002-2012
제5세대	시진핑-리커창	2012-현재

중국의 정치 지도부는 공산당 내부의 각 정치 파벌 간의 치열한 경쟁과 협상을 통해 완전 비공개로 미리 내정되고 5년마다 개최되는 공산당 전국대표대회가 폐회된 직후 열리는 제1차 중앙위원회 전체회의에서 공식적으로 선출된다. 이들의 인선 과정은 정치 파벌의 권력 투쟁과 노선 투쟁이 될 가능성이 있기 때문에 언제나 잠재적인 정치 불안 요인이기도 하다.

중국 정치 최고 지도부로 상징되는 중국 엘리트 정치가들의 권력 승계 및 인선 과정의 합리성과 정당성을 확보하는 일은 중국 정치의 안정 문제와 연결된다. 그렇다면 중국은 공산당 내 권력 투쟁과 그에 따른 정치 불안이라는 부정적 요소를 어떻게 해소하여 정치적 안정을 유지하였을까? 중국 정치 지도부는 나름대로의 타협과 논의를 거쳐 내부적인 규율을 정하여 안정을 꾀하였고 이는 그대로 중국 엘리트 정치 체제의 특징이 되었다.

첫째, 개인에 의한 통치가 아닌 권력을 분점한 다수의 지도자들이 합의와 타협에 의해 국가를 운영하는 집단지도체제를 시행하고 있다. 최고 지도부는 특정 개인이나 파벌에 의해 주도되지 않고 타협을 거쳐 권력을 분점하는 체제로 운영된다. 집단지도체제 하에서는 국가 주석도 무한한 권력을 가질 수는 없고 여러 지도자 중 한 명이 될 뿐이다. 집단지도체제는 덩샤오핑이라는 정치적 거인이 사라진 이후 예상되는 파벌 간의 권력 투쟁으로 인한 정치 혼란을 미리 막으려는 조치이기도 했다.

둘째, 10년 주기 세대 교체와 연령 상한제를 규범으로 정하였다. 이 규범에 따르면 정치국 상무위원의 연령은 임명될 때 나이가 67세 이하여야 한다. 또 정치 세대는 10년을 주기로 교체하되 반드시 당 총서기와 그 외 몇 명의 지도자는 50대 후반이나 60대 초반 연령대에서 선출하여 10년 임기를 채울 수 있도록 하였다.

셋째, 차기 최고 지도자를 미리 선출하여 훈련과 검증 과정을 거치도록 하여 권력 승계 과정을 예측할 수 있도록 하였다. 당 총서기 및 국가 주석의 후보인 상무위원들은 5년마다 열리는 중앙위원회 전체회의에서 공식적으로 선출되는데, 따라서 이들 중 누군가가 사실상 당 총서기에 오르기 5년 전에 미리 내정되는 셈이다. 후진타오와 시진핑은 모두 이런 과정을 따라 국가 주석이 되었다.

위와 같은 원칙 하에 진행되어 오던 중국 최고 지도자의 권력 승계 과정은 최근 시진핑 주석의 정책 변경으로 인하여 변화의 조짐이 나타나기 시작했다. 중국 헌법은 최고 지도자의 장기 집권을 제한하고 합리적인 권력 승계를 보장하기 위해 최고 지도자의 연임 가능 횟수를 제한해왔다. 즉 중국 헌법 79조에 따르면 최고 지도자는 한 번의 연임만 가능하도록 명시되어 있으며 이 때문에 최고 지도자는 최장 10년까지만 지위를 유지할 수 있었다. 그러나 최근 시진핑은 이러한 헌법 조항을 개정하여 연임 제한과 관련된 문구를 삭제할 것을 제안했고 2018년 3월에 열린 전국인민대표자대회에서 그의 제안이 최종 통과되었다. 이에 따라 현재 중국은 헌법 상으로 연임 제한 규정이 없어져서 경우에 따라서는 본래

2022년으로 예정되어 있었던 차기 지도자로의 권력 승계가 더 늦추어질 수도 있게 되었다.

시진핑이 주도한 연임 제한 폐지에 대해서는 크게 두 가지 시각이 제시되어 있다. 첫째는 연임 제한 폐지에 따라 시진핑의 장기 집권이 가능하게 되었고 실제로 그런 일이 일어날 가능성이 높다고 보는 시각이 있다. 이런 시각에 따르면 시진핑의 헌법 개정은 제도화를 통해 정치 개혁과 과정의 합리성을 추구하려 했던 중국 정치가 사실상 앞으로 나아가기보다 오히려 퇴행하게 되는 조치이다. 둘째는 시진핑이 장기 집권을 시도할 가능성은 높아 보이지 않으며 오히려 리더십의 강화를 통해 이전보다 치열해진 외교환경에 대응하고 경제 구조 개혁과 일대일로 사업 등을 강력하게 추진해 나가기 위한 조치라고 보는 시각이 있다. 현재는 시진핑의 두 번째 임기 기간이 이제 막 시작된 상태여서 미래의 일을 섣불리 예단하기는 어렵다. 그러나 시진핑의 헌법 개정 조치는 중국의 정치 발전이 지금까지와는 다른 방향으로 나아갈 가능성을 내포하고 있는 것이 사실이므로, 지도자의 장기 집권과 그에 따른 독재 권력 강화에 대한 우려가 불식될지 아니면 또 다른 방향으로 나아가는지 살펴볼 일이다.

3.4 인민대표회의(인대)

중국에는 독자적으로 입법을 담당하는 의회가 있다. 인민대표회의가 바로 의회의 역할을 한다. 인민대표회의는 전국 인민대표회의(전인대)와 지방 인민대표회의가 있다. 인민대표회의는 원래는 명목 상 권한만 있었을 뿐 실제로는 공산당과 정부가 결정한 사항을 그대로 추인하는 기구에 불과했다. 그러나 점진적인 정치개혁에 따라 제도와 법률에 의한 통치가 강화되면서 의회도 현재에는 입법과 감독 기능이 강화되어 중국 정치를 구성하는 중요한 한 축이 되었다.

전국 인민대표회의는 일 년에 한 번씩 전국의 인민 대표들이 모여서 회의를 개최한다. 전국 인민대표회의를 구성하는 대표들은 전국의 성, 자치구, 직할시, 홍콩, 마카오, 인민해방군에서 간접선거를 통해 선출되며 임기는 5년이다. 전국 인민대표회의를 구성하는 대표의 총 수는 3500명을 넘을 수 없다.[10] 전국 인민대표회의의 대표들은 대부분 겸직이기 때문에 상시적으로 의회 업무를 위해 활동할 여건이 되지 않는다. 따라서 전국 인민대표회의의 실제 일상적인 업무 활동은 전국 인민대표회의 상무위원회라는 상설기구를 두어 처리하게 한다. 전국 인민대표회의 상무위원회는 대표들 중 선출된 약 155명 가량의 상무위원들이 담당한다. 전국 인민

10) 2016년 3월 기준 대표 수는 2,934명이었다.

대표회의의 일상적인 실제 업무는 이들에 의해 처리되고 있는 것이다.

전국 인민대표회의는 헌법을 개정할 수 있고 국가 주석과 부주석을 선출하거나 파면할 수 있다. 또한 국가 주석의 제청에 의해 국무원 총리를 선출할 수 있다. 시진핑 주석과 리커창 총리는 2013년 3월 5일부터 17일까지 개최된 제 12기 전국 인민대표회의에서 처음 선출되었다. 또한, 전국 인민대표회의와 지방 인민대표회의는 권한에 조금 차이가 있다. 의회의 핵심 기능이라 할 수 있는 입법권은 전국 인민대표회의와 지방 인민대표회의 중 성급 인민대표회의가 갖고 있고 현급 및 향급 인민대표회의는 입법권을 갖지 않는다. 이때문에 중점적으로 수행하는 역할도 조금 달라서 전국 인민대표회의는 입법을 중점적으로 수행하고 현급 이하 인민대표회의는 감독 기능을 중점적으로 수행한다.

3.5 국무원

의회 기능을 하는 기구가 인민대표회의라면 최고 행정부 역할을 하는 곳은 국무원이다. 국무원은 공산당의 노선과 이념 및 정책을 집행하는 최고 행정기관이다. 행정부의 수장인 국무원 총리는 공산당 안에서 내정하여 국가 주석이 전인민대표회의에서 제청하면 표결을 거쳐 선출한다. 국무원 총리의 임기는 5년이며 1회에 한하여 연임이 가능하다. 국무원은 중국이 계획경제 체제에서 시장경제 체제로 변화하는 동안 그에 걸맞는 변화를 겪어야 했다. 우선 시장경제 체제를 운영할 수 있는 조직이 되어야 했다. 또한 공산당의 직접 통제를 받던 것에 비해 자율성과 전문성을 확대해 가고 있다. 공산당 역시 국가 정책을 직접 수행하기보다 정부를 통해 실현하고 있다.

그러나, 국무원을 중심으로 하는 관료체제는 한계를 안고 있다. 정책의 수립과 결정은 국민이 원하는 바에 따라 이루어지기보다 관료들이 사회 전체의 이익에 부합된다고 판단하면 이루어진다. 이는 필연적으로 권위주의적 성격을 가질 수밖에 없다. 합리적인 정책 수립과 집행은 관료집단의 합리적이고 합법적인 판단에 의존할 수밖에 없는 것이다. 이때문에 중국은 개인의 판단에 좌우되는 인치에서 벗어나 법률에 의거하는 법치를 추구하는 방향으로 개혁해 가고 있다.

3.6 사법부

중국의 사법 행정을 다루는 기구로 법원이 있다. 중국의 법원은 모두 4급 체제로 되어 있다. 그 중 최고 재판 기구는 최고인민법원이다. 최고인민법원 아래로 각 행정단위에 따라 고급인민법원(성급), 중급인민법원(지급), 기층인민법원(현급)이 있다. 각 법원은 하급 법원에서 올라온 1심 사건을 재심하거나 관할 지역의 중요 사건을 처리한다. 이들 법원들은 모두 일반법원이며 중국은 일반법원 외에 전문 영역의 사건을 맡는 전문법원을 따로 설치하고 있다. 예를 들어 대표적인 전문법원으로는 철도운송법원, 해사법원 등이 있다.

우리나라의 경우 검찰과 법원은 철저하게 분리되어 있어 법원은 재판을, 검찰은 공소를 맡고 서로 간섭할 수 없다. 그러나 중국의 경우는 이와 좀 다르다. 중국의 검찰은 법률 감독 권한을 갖는다. 즉 검찰은 모든 국가 기구에 대한 법률 감독을 시행할 수 있을 뿐만 아니라 법원에 대해서도 법률 감독을 시행할 수 있다. 그래서 직접 기소한 사건에 대한 항소 권한뿐만 아니라 직접 기소하지 않은 사건에 대해서도 법원 판결의 적합성을 따져 묻고, 만약 문제가 있다고 판단할 경우 재심을 요구할 수 있는 권한도 갖고 있다. 결국 법원과 검찰의 권력 관계에 있어서는 검찰이 우위에 있다고 할 수 있다.

우리나라로 치면 경찰에 해당하는 공안국과는 어떤 관계일까? 법원과 검찰은 공산당 산하 정법위원회의 지도와 감독을 받는데 이 위원회의 서기는 공안국 국장이 맡으므로 사실상 공안국이 법원과 검찰보다 우위에 있다고 볼 수 있다. 현재 중국 법원이 안고 있는 가장 큰 문제는 '사법권의 지방화'[11] 즉 사법 독립성 침해 문제이다. 각 지방의 공산당과 정부가 법원보다 우위에 서서 인사와 재정을 집행하고 심지어 재판권까지 행사하여 사법권을 침해하는 현상이 나타나고 있다. 이는 결국 법원의 판결이 공평성을 잃고 공산당이나 정부에 유리한 방향으로 진행된다는 뜻이다. 그간의 사법 개혁 추진으로 여러 문제들이 해결되었으나 이 문제는 여전히 해결되지 않고 있다.

11) <차이나핸드북> 성균중국연구소 145쪽

3.7 중국인민정치협상회의

중국에는 다른 나라에는 없는 독특한 정치 기구가 있다. 바로 중국인민정치협상회의이다. 중국인민정치협상회의는 흔히 줄여서 정협이라고 부른다. 중국의 어떤 정치적 안건이나 정책을 의결하는 기구는 인민대표회의인데, 어떤 안건이나 정책을 결정하는데 있어 그와 관련된 각 당파의 입장이 다를 수 있다. 그래서 인민대표회의가 사안을 의결하기 이전에 미리 관련 당파 간의 의견 조율이나 이해 당사자의 이해 관계를 조정하는 기구가 바로 정협이다. 정협은 인민대표회의가 투표하기 전에 당사자들의 의견을 조정하여 합의를 이끌어내거나 조율하는 역할을 한다. 정협은 또한 중국 내 소수정당들이 의견을 개진하는 통로가 되기도 한다.

4. 중국 경제

4. 중국 경제

4.1 중국 경제의 발전

중국 경제는 개혁 개방 이후 지난 30여 년간 눈부신 성장을 보였다. 2005년에는 미국 독일 일본에 이어 세계에서 네 번째로 큰 경제 규모로 성장하더니 다시 5년 뒤인 2010년에는 일본을 제치고 세계 제2위의 경제 규모를 가진 나라로 발전하였다. 교역 규모로는 2015년 3조 6천 8백 달러로 미국보다 앞선 세계 제1위의 교역 국가가 되었고 외환 보유 면에 있어서도 3조 달러에 달하는 세계 1위의 외환 보유고를 자랑하는 국가가 되었다. 1인당 소득 수준은 세계은행이 정하는 중등소득그룹의 상위그룹에 속하는 수준이 되었다. 경이적인 경제 성장은 중국만이 해 낸 것은 아니고 다른 국가들도 비슷한 수준의 성장 성과를 낸 적이 있다. 2차 대전 이후의 일본의 성장이 그랬고 1950년 한국 전쟁 이후의 한국 역시 놀라운 성장을 보여 주었다. 그러나 중국과 같은 거대한 인구를 가지고 30여 년간 연편균 9.9%의 경제 성장을 지속한 예는 찾을 수 없다. 그런 의미에서 중국의 경제 성장은 놀라움 그 자체인 것이다.

중국 경제 성장의 핵심적인 동력 중 하나는 수출이었다. 세계 무역 교역에 있어 비중이 거의 없던 중국은 2014년에는 전 세계 수출량의 12%, 제조 수출량의 18%를 차지할 정도로 성장하여 세계 최대의 수출 국가가 되었다. 세계의 무역 사슬은 미국/유럽의 혁신과 설계, 동남아시아/동아시아의 중간재 생산, 그리고 중국의 완성품 수출로 이어져 있어 무역 순환의 중요 고리를 담당하고 있다. 이렇게 중국이 수출 대국이 될 수 있었던 이유는 어디에 있을까? 아서 크뢰버에 따르면 중국의 역사적 강점, 환경적 행운, 적절한 정책 수행을 주요 요인으로 들 수 있다.[12]

1) 역사적 강점

중국은 산업 혁명이 일어나기 전까지 세계 제조업과 교역의 중심지였다. 1800년대 이전까지 중국은 세계 교역량의 3분의 1을 담당했고 유럽 수준의 정교한 시장/교역 시스템을 갖추고 있었다. 비록 아편전쟁 이후 한 세기 동안 중국은 유럽과 같은 산업화를 이루지 못했고 경제적 지위도 하위로 떨어지기는 했지만 1980년대 개방 정책을 통해 개방 경제 체제로 이행하는 데 성공함으로써 19세기 이전의 경제적 지위를 되찾아 가고 있다. 이렇게 할 수 있었던 중국의 강점은 넓은 영토와 거대한 인구를 가진 거대 시장을 이미 보유하고 있었던 점, 교육을 잘 받은 양질의 노동력이 풍부한 점, 역사적으로 축적해 온 제조업과 상업에 대한 확고한 전통을 가진 점을 들 수 있다.

2) 환경적 행운

역사적 강점만으로는 중국의 성공을 다 설명할 수 없다. 왜냐

12) <127가지 질문으로 알아보는 중국 경제> 아서 크뢰버, 73-77쪽

하면 그러한 역사적 강점은 다른 나라에도 있었기 때문이다. 예를 들어 중국과 가까운 인도는 중국과 마찬가지로 거대한 영토와 인구를 가진 거대 시장이었고, 기나긴 역사 동안 쌓인 상업과 제조업의 전통이 있었음에도 중국만큼 성장하지는 못했다. 그래서 중국의 경제 성장은 역사적 강점과 더불어 중국이 가진 환경적 행운도 작용하였다고 보아야 한다. 그러면 어떤 환경적 행운이 있었을까?

첫째, 학습할 만한 모델 국가들이 이웃에 있었다. 중국은 사회주의 계획경제 체제에서 시장경제 체제로 이행함에 있어 경험도 없었고 참고할 만한 자국의 역사적 사례가 없었기 때문에 외부에서 모델을 찾을 수밖에 없었다. 개혁 개방을 시작하면서 덩샤오핑, 화궈펑 등 중국 지도부가 중점적으로 벌인 사업이 바로 해외 시찰단 파견이었다. 당시 시찰단은 서유럽 선진국에서부터 동아시아의 일본, 동남아시아의 싱가포르, 홍콩, 마카오, 동유럽 국가들을 시찰했고 타이완, 한국의 성장을 바로 옆에서 지켜볼 수 있었다. 특히 일본의 경제 성장 과정(수출 중심 경제 발전 모델)과 싱가포르의 모델은 중국에 많은 영향을 주었다.

둘째, 홍콩이 인접해 있었다. 중국이 경제 개혁을 시작할 당시 홍콩은 이미 법률, 금융 등의 소프트 시스템에 있어 선진적인 체계를 갖춘 세계적인 무역항이었다. 따라서 중국의 제조업자들은 새로운 소프트 시스템을 건설하는 노력을 기울일 필요 없이 홍콩을 통해 현대 경제의 기반이 되는 소프트 시스템을 확보할 수 있었고 세계 시장에 빠르게 접근할 수 있었다.

셋째, 세계 무역 흐름이 중국에 유리한 방향으로 변화하였다. 중국이 개방 정책을 시작할 때는 마침 선박용 컨테이너가 세계적인 운송망을 구축할 때였고 중국은 이 시기를 기회로 운송비를 대폭 줄일 수 있었다.

넷째, 핵심 기술을 사용하는 산업에 쉽게 접근할 수 있었다. 80년대 후반 타이완에는 이미 수준 높은 전자 산업이 수립되어 있었다. 90년대 후반 타이완의 전자 업체들이 대거 중국으로 생산 거점을 옮기면서 중국은 한 순간에 세계 수준의 전자 산업 기반을 갖추게 되었다.

3) 적절한 정책

주변 환경이 아무리 우호적이라 하더라도 이를 잘 포착하고 적절하게 대응하는 좋은 정책이 없었다면 성공할 수 없었을 것이다. 중국의 경제 발전은 우호적인 기회를 포착하고 잘 활용하는 적절한 정책이 있었기에 가능했다. 우선 개방 정책이 있었기에 경제 성장이 가능했다. 문화대혁명 이후의 중국지도부는 개방을 통해 경제를 성장시켜야 한다는 데 동의했고 덩샤오핑 역시 교역과 투자 시장을 개방함으로써만 성장을 달성할 수 있다고 믿었다. 그런 신념 하에 수출 중심의 정책들을 수립하고 실행했던 것이다. 또한 사회기반 시설 확충을 통해 내수 시장이 형성되도록 했다. 중국은 도로, 통신망 등 사회기반 시설 확충을 매우 중시했다. 이는 본래 제조업체들이 긴 해안선을 따라 이동하기 편하도록 한 조치였다. 이는 2000년대 초반 긍정적인 효과를 가져왔는데, 저렴한 노동력과 선진국 수준의 사회기반 시설이 결합된 유례없이 매력적인 시장이 탄생하게 된 것이다. 이후 사회기반 시설이 내륙으로까지 확충되면서 내수 시장이 형성되었고 '10억 인구의 시장'이라는 목표가 이루어졌다.

4.2 중국의 제조업과 중국제조 2025

중국은 개혁 개방 이후 풍부한 노동력과 그에 따른 저렴한 인건비, 외자기업 유치 등을 통해 제조업을 발전시켜왔다. 중국의 제조업은 지난 30여년 간 눈부신 성장을 이루어 중국을 세계 굴지의 생산 대국으로 만들었다. 그리고 2011년에는 생산 규모에 있어 미국을 제치고 세계 1위로 올라섰다. 또한 각종 공산품 생산에 있어서도 최대 규모를 자랑하고 있어 예를 들어 자동차 같은 경우는 2011년에 이미 세계 3대 생산국 중 하나가 되었다. 그야말로 '세계의 공장'이라는 별명이 결코 과장된 호칭이 아니었다.

중국의 제조업이 단기간에 놀라운 성장을 이룬 배경에는 주변 국가들과는 다른 특징적인 요인이 있었다. 중국은 개혁 개방 이후 제조업을 우선적으로 개방하고 외국인 투자를 유치했는데 이런 외국인 투자 유치 정책을 통해 외국 기업의 집중 투자를 유인한 점이 중국 제조업이 성장하게 된 한 요인으로 작용했던 것이다. 다른 동아시아 국가들이 비슷한 시기에 외국인 직접 투자가 거의 없다시피 했고 일본도 외국인 직접 투자 없이 경제를 성장시켰던 반면 중국은 적극적으로 외국인 직접 투자를 유입시키기 위해 노력했다. 그 결과 외국인 직접 투자의 비중이 점점 커져 2002년-2006년에 절정을 이루었다. 중국이 외국인 직접 투자를 통해 제조업을 육성하려고 했던 이유는 첫째, 한국, 일본, 타이완 등이 미국의 동맹국으로서 외국 기업의 진입은 차단하면서 최대 시장인 미국 시장에는 쉽게 진출할 수 있었던 반면, 중국은 미국의 동맹국이 아니어서 그런 이점을 누릴 수 없었기 때문이다. 중국은 이전에 경제를 발전시켰던 이웃 국가들과는 반대로 세계 시장에 접근하기 위해서는 적극적으로 외국 기업에 문호를 개방할 수밖에 없었다. 둘째, 문화혁명이 끝나고 개혁 개방 정책이 시작되던 1970년대 말에는 이미 경제가 바닥 상태였기 때문에 해외 기술을 수입할 수 있을 정도의 외화가 없었다. 그 때문에 외국 기업이 국내에서 유리하게 활동할 수 있는 환경을 조성하여 외국 기업의 직접 투자를 유도하는 편이 손쉬웠다.

외국인 직접 투자는 중국과 외국 기업 모두에게 여러 가지 긍정적인 효과를 가져왔다. 중국은 선진 기술과 경영 노하우를 비교적 쉽게 배울 수 있었다. 외국 기업의 입장에서는 비록 중국이 제시한 진입 조건, 예를 들면 합자회사 설립 등의 조건을 충족시켜야만 투자할 수 있었지만 매우 우호적인 환경 하에서 수월하게 거대 시장에 진입하여 사업을 펼칠 수 있었다. 그러나 2006년 이후에는 중국 경제의 성장을 위해 과거처럼 필사적으로 외국인 직접 투자를 유치해야 할 이유가 없어졌고 자국 기업 육성을 중시하면서 외국 기업과의 관계가 냉각되어 투자 비중도 줄어들었다. 2006년에는 전체 투자 대비 6% 정도였고 14년에는 3%가 채 되지 않았다. 이는 1997년의 17%에 비하면 대폭 줄어든 것이다.[13]

13) <127가지 질문으로 알아보는 중국경제> 아서 크뢰버, 89 쪽

중국 제조업은 그 동안 괄목한 만한 성장세를 이어 오면서 중국 경제를 이끌어 왔으나 최근 성장에 한계를 드러내기 시작하면서 다음과 같은 상황에 처하게 되었다.[14]

첫째, 중국 경제 성장을 견인해 온 제조업의 부가가치 성장률이 둔화되어 2014년에는 서비스업 성장률보다 낮았고 2015년에는 GDP 성장률보다 아래였다. 또한 철강, 시멘트 등의 전통적인 제조업은 부가가치 증가율이 대폭 하락한 반면 첨단 제조업은 빠르게 성장하고 있기는 하나 GDP 성장을 견인할 정도로 비중이 크지는 않아 부가가치 창출 면에서 크게 기여하지 못하고 있다. 특히 주요 부품과 첨단 기술은 해외 의존도가 매우 높아 지속적인 경제 성장을 어렵게 하는 요인으로 남아 있다. 예를 들어 2013년의 경우 고성능 칩의 수입량은 2,322억 달러로 같은 해 석유 수입량을 넘어섰다. 또한 스마트폰은 특허사용료가 스마트폰 가격의 30%를 넘는 경우도 있다고 한다. 미국 퀄컴사는 중국으로부터 특허 사용료로 CDMA 방식의 휴대폰 1대당 10달러씩 받고 있다고 한다. 요컨대 과거의 중국 경제를 이끌었던 전통적 제조업은 부가가치가 하락하고 있는 반면 새로운 성장 동력이 되어야 할 첨단 신산업은 현재까지는 경제 전체를 이끌 만큼 성장하지 못하고 있다. 이때문에 자주적인 기술력과 혁신 능력을 확보할 수 있도록 신산업을 육성하여 제조업의 부가가치를 획기적으로 높일 수 있도록 해야하는 상황에 있다.

14) <'중국제조 2025' 추진 배경과 중점 분야> 한중경제포럼 15-03호 2015년 6월

둘째, 과거 중국 제조업은 풍부한 노동력에 기반한 저렴한 임금 환경의 이익을 보아 생산 원가에 있어 비교우위 상태에 있었다. 그러나 지속적인 임금 상승으로 제조 원가의 비교우위가 사라져 더 이상 과거만큼 싼 가격에 제품을 생산할 수 없게 되었다. 2003년부터 2013년까지 임금 상승을 보면 그 10년 사이에 노동자 임금이 약 3배 가량 올랐고 이는 해당 기간의 물가 상승률을 감안하더라도 상당히 큰 상승폭이다. 또한 2004년 경부터 루이스 전환점을 지나 노동력이 무한히 제공되는 산업 환경에서 이미 벗어났다. 이런 요인으로 인해 인건비가 매년 증가하고 있고 이는 외국인 직접 투자 감소 요인으로도 작용하고 있다. 이는 다시 수출상품 가격 상승을 유발하여 저임금과 풍부한 노동력에 기반한 중국제조업의 비교우위가 사라지고 말았다. 이때문에 중국 제품의 국제 시장 점유율도 계속 낮아지고 있어서 현재와 같은 제조업 산업 구조로는 중국 경제의 지속적인 발전을 보장할 수 없게 되었다. 또한 미국 등 선진국들은 금융위기 이후 새로운 각도에서 제조업 발전을 적극 모색하고 있어 선진국과의 격차가 더욱 벌어질 가능성이 있다. 한편으로는 아직 중국보다 저원가에 제품을 생산할 수 있는 환경에 있는 개발도상국들로 인해 점점 더 심한 가격 경쟁 압력을 받고 있다. 이에 대응하여 중국은 새로운 제조업 단계로 전환해야 할 필요가 생겼다.

셋째, 중국 경제는 다른 주요 국가들보다 전체 산업 구조에서 제조업이 차지하는 비중이 크다. 일반적으로 제조업의 비중이 큰 국가는 서비스업을 주요 기반으로 하는 국가에 비해 에너지 소비량이 크다. 더구나 중국은 제조업 중에서도 에너지원이 많이 필요한 중공업이 차지하는 비중이 크다. 이런 이유로 중국 제조업은 산업 전체에 필요한 에너지 중 70% 가량을 소비하고 있다. 중국은 또 주로 규모의 경제를 통해 성장해 왔다. 이때문에 에너지 투입 효율이 상대적으로 낮은 편이다. 2010년의 경우 단위 GDP 당 에너지 소비량이 세계 평균의 2배가 되고 단위 제품 당 에너지 소비는 선진국 수준 대비 10-20% 높다. 또한 중국은 전력 생산을 위한 에너지원으로 석탄을 주로 사용하기 때문에 심각한 환경 오염 가능성을 안고 있다. 오염 물질 배출과 관련하여 탄소 배출량을 지속적으로 감소시켜야 한다. 제조업의 제품 생산 과정에 있어서도 친환경적 생산 시스템이 아직 선진국 수준으로 발전하지 않은 상태여서 산업 부산물로 인해 환경 오염도 가중되고 있다. 이때문에 지속 가능한 경제 성장을 위해서는 중국은 제조업을 혁신하여 에너지 효율이 높은 저에너지 기반 제조업과 환경 친화적인 제조업 그리고 저탄소 배출 기반의 제조업으로 바꾸어야 한다.

넷째, 선진국을 중심으로 인터넷과 제조업을 결합한 새로운 과학 기술 혁명이 제조업의 혁신을 불러일으킬 전망이고 이는 전통적인 생산 방식 및 산업 구조에 중대한 변화를 불러 올 것이다. 이에 각 국가들은 제조업 혁신과 산업 구조 재편의 세계적인 추세 속에서 주도적인 위치를 차지하려고 치열하게 경쟁하고 있다. 예를 들어 독일은 '제조업 4.0'과 같은 인터넷-제조업 결합 정책을 이미 수립하여 실행에 옮기고 있다. 중국 역시 지속적인 경제 성장을 위해서는 이와 같은 세계적인 제조업 환경 변화에 적극적으로 대응하여 향후 세계 제조업 지형에서 선도적인 위치를 선점해야 할 필요성이 제기되고 있다.

이와 같은 상황 하에서 중국은 독일이 2013년에 발표했던 '제조업 4.0(industry 4.0)'의 영향을 받아 국가적인 차원에서 새로운 제조업 발전 전략 및 경제 성장 발전 전략을 구상하게 되었다. 그 결과 2년 여의 연구 끝에 2015년 중국 국무원은 2015년에서부터 2025년까지 중국을 세계 속의 실질적 제조업 강국으로의 진화시키는 것을 목표로 하는 '중국제조 2025(Made in China 2025)'라는 장기 계획을 발표하였다.

중국제조 2025는 중국 제조업의 기술 수준과 품질을 세계 최고 수준으로 끌어 올려 궁극적으로는 세계 제조업의 선도적 위치를 점한 제조 강국으로 나아가려는 포괄적이고도 장기적인 발전 전략이자 정책이라 할 수 있다. 중국제조 2025의 장기 발전 전략은 3단계로 나누어 추진되고 각 단계별로 전략 목표가 있다. 우선 2015년부터 2025년까지는 혁신 능력 및 노동생산성 강화를 통해 제조업의 전반적 수준을 높여 제조업 강국 수준에 진입함을 목표로 한다. 그 다음 단계인 2025년부터 2035년까지는 비교우위 산업에서 세계 시장을 주도할 수 있도록 하고 세계 제조 강국의 중위권 수준에 진입하도록 하는 것을 목표로 삼는다. 마지막 단계인 2035년부터 2045년까지는 제조업 강국 중에서 최선두 지위를 획득하고 중화인민공화국이 수립된 지 100주년이 되는 2049년에 이르러서는 세계 최고의 제조업 강국이 될 수 있도록 한다.

[표7] 중국제조 2025 3단계 전략 목표

단계	시기	전략 목표
1	2015-2025	제조업 강국 진입
2	2025-2035	비교우위 부문에서 세계 시장 선도 세계 제조 강국 중위권 진입
3	2035-2045	제조업 강국 중 선도국 위치 도달

중국제조 2025는 중국 제조업 구조 개혁과 질적 성장 목표 달성 및 핵심 경쟁력 제고를 위해 다음과 같은 구체적인 세부 전략을 제시하고 있다.

1) 제조업 혁신능력 제고

핵심기술 R&D 지원 확대, 혁신설계 역량 강화, 과학기술 성과 운용 활성화, 국가 제조업 혁신 시스템 및 표준관리 시스템 구축, 지식 재산권 보호강화 등을 통해 제조업 전반의 혁신능력을 제고한다.

2) 스마트 제조업 발전

IT 및 공업 간 융합 발전을 위해 스마트 제조업 발전 방안을 모색하고, 그에 따른 설비 개발과 제조공정의 스마트화 추진에 주력하는 한편, 인터넷과 제조업의 결합을 통해 혁신적 제조 인프라를 구축한다.

3) 4대 공업 기반 부실 문제 해결

중국 제조업 발전의 가장 큰 저해요인 중 하나인 4대 공업 기반(핵심부품, 선진공법, 산업소재, 산업기술) 부실 문제 해결을 위해 발전 방안 연구를 지속하고, 완제품 기업과 공업 기반산업 기업의 협력을 추진한다.

4) 제조업 브랜드 이미지 제고

제품 품질 및 기술 관리 시스템을 개선하고, 제조업 브랜드 이미지 제고 방안을 모색한다.

5) 제조업의 친환경화

선진 에너지 절약 및 환경보호 기술을 도입하고, 고효율의 친환경 제조 시스템을 구축하는 등 제조 산업 전반의 친환경화를 추진한다.

6) 제조업 구조 최적화

과잉 생산능력 도태, 기업의 기술개선 지원, 대·중·소 기업간 협력 추진 등을 통해 제조업 구조를 최적화한다.

7) 제조업과 서비스업의 협력 발전

제조업과 서비스업의 협력 발전을 추진하고, 생산성 제조업을 서비스형 제조업으로 전환하는 등 서비스형 제조업과 생산성 서비스업의 지속 가능한 발전방안을 모색한다.

8) 제조업의 국제화 수준 제고

개방 영역을 더욱 확대하고, 주요 산업 및 기업의 국제화를 가속화하는 등 제조업의 국제화 수준을 제고한다.

중국제조 2025의 세부 전략에 따라 다음과 같이 중점적으로 지원하고 발전시킬 10개의 핵심 육성 분야(10대 중점 분야)를 선정하여 육성할 것을 명시했다.

1) 차세대 정보기술

현재 80%에 이르는 집적회로의 해외 의존도를 낮추고 자국산 집적회로 사용을 확대하려고 한다. 현재 1,000억 위안 정도의 집적회로 발전펀드를 조성하여 지원하고 있으며 이를 통해 독자적인 기술을 가진 기술 강국으로 진화하려고 하고 있다.

2) 고급 수치제어 및 로봇

2014년 기준 중국의 로봇 시장 규모는 3.7만 대로 전 세계 로봇 수요의 21%를 차지하고 있는 것으로 추산된다. 그러나 중국산 로봇의 점유 비중은 25%에 그치고 있고 가치로 따진다면 실제로는 5% 내외에 불과한 실정이다. 중국은 또 임금이 지속적으로 올라 노동력을 대체할 수단으로서 로봇에 대한 수요가 계속 늘고 있다. 이에 대응하여 향후 노동력을 산업 로봇으로 대체하여 인건비 상승으로 인한 제조업 경쟁력 하락에 대비하려 하고 있다.

3) 항공우주장비

첨단 로켓 기술과 위성 기술 등 우주기술 발전을 추진하여 항공우주 관련 산업의 경쟁력 제고를 꾀하고 있다. 항공기뿐만 아니라 항공 엔진 분야를 포함한 항공 산업 전반의 발전을 도모하고 있다.

4) 해양 장비 및 첨단 선박

심해를 관측하고 해양 자원을 개발하는 데 필요한 관련 장비 및 시스템을 개발하려고 한다. 또한 심해 정거장 개발 프로젝트를 추진하고 대형 부유식 구조물 개발 프로젝트도 진행한다. 첨단 선박 건설 분야와 관련하여 크루즈선 및 특수 용도 첨단기술 선박 건조의 국제경쟁력을 강화하려고 하고 있다.

5) 선진 철도교통 장비

철도 장비 분야는 중국이 이미 세계적 수준에 올라 있는 분야이다. 2008년부터 2015년까지 이미 자국 내에 세계에서 가장 긴 고속철도 네트워크를 건설해 놓았다. 또한 세계 각국과 고속철도 건설 사업을 협의하고 있다. 향후 신재료, 신기술차세대 녹색 스마트 고속 철도교통 장비 시스템을 개발하고 세계를 선도할 철도 교통 산업 시스템을 구축한다.

6) 에너지 절약 및 신에너지 자동차

신에너지 자동차 산업 발전을 추진하고 있으나 신에너지 자동차의 비중은 여전히 낮으므로 에너지 절약과 신에너지 자동차 분야의 연구와 투자를 강화하고 시장을 활성화시키려고 한다.

7) 전력 장비

고효율 석탄전력 정화설비, 수력 및 원자력 발전, 중형 가스터번 등 신재생에너지, 에너지 저장설비 등을 개발하려고 한다.

8) 농업 기계 장비

첨단 농기구 및 핵심 부품을 개발하려고 한다.

9) 신소재

특수금속, 고성능 구조재료, 기능성 고분자재료 등 신소재를 개발하고자 한다.

10) 바이오 의약 및 고성능 의료기기

바이오의약(중대질병 치료약품, 바이오기술 응용 신의약품 등), 고성능 의료기기(영상설비, 의료용 로봇 등), 첨단 의료기술(3D 바이오프린터, 다기능 줄기세포 등) 등을 연구하고 개발하려고 한다. 중국은 특히 고령화가 빠르게 진행되고 있기 때문에 관련 산업 수요가 증가할 것으로 예상된다.

[표8] 중국제조 2025 10대 중점 산업분야

산업	세부 내용	
차세대 정보기술	반도체	반도체 설계 수준 향상, 지적 재산권 보유 핵심 설계 장비 확대 국가 정보 및 인터넷 보안 수준 향상, 핵심 부품 국산화
	정보통신	초고속 인터넷, 첨단 메모리, 보안시스템 개선, 첨단 라우팅 기술, 초고속 광전송 기술 개발, 첨단 서버, 차세대 기지국, 보안장비 개발
	OS 및 산업용 소프트웨어	보안관련 OS 등 소프트웨어 개발, 스마트 디자인 장비, 사물인터넷, 빅데이터 처리 기술 향상, 산업용 소프트웨어 통합표준, 보안시스템 구축
고급 수치 제어 및 로봇	수치제어	초정밀, 초고속, 고효율 수치제어 등 첨단기술 및 장비 연구개발 강화, 주요 기능성 부품 및 응용 기술 개발 및 산업화 조기 실현
	로봇	자동차, 기계공업, 전자산업, 국방, 화학공업, 경공업 부문의 산업용 로봇 개발, 가정용, 교육용, 오락용 로봇 개발, 로봇 표준화 및 모듈화

항공우주 장비	항공장비	대형 항공기, 기체확장형 기종 개발, 중형 헬리콥터 개발, 간선 및 지선 항공기 개발, 무인기 산업화, 고추진엔진 등 항공산업 고도화
	우주장비	차세대 로켓, 우주발사체 개발 등 우주비행 산업의 국제경쟁력 제고, 인공위성, 페이로드, 초고속 인터넷망 등 관련 인프라 구축, 우주비행술 상용화
해양 장비 및 첨단 선박		심해탐사, 자원개발 및 이용, 해양 안전장비 및 관련 시스템 개발, 해저정거장, 대형 부유식 구조물 구축, 해양플랜트설비 시험, 모니터링, 검증 기술수준 강화, 크루즈선 설계, 건조 기술 개발, LNG 선박 등 고기술 선박의 국제경쟁력 강화
선진 철도교통 장비		신소재, 신기술, 신공법을 응용한 보안시스템, 에너지 절감 기술, 디지털 및 스마트 네트워크 기술 개발. 철도교통 체계의 세계적 선진 수준 향상
에너지 절약 및 신에너지 자동차		전기자동차, 연료전지 자동차 개발. 동력전지, 모터드라이브, 고효율 내연기관, 첨단 변속기 등 첨단부품 개발. 스마트제어 기술 등. 완성차 생산시스템 완비
전력 장비		대규모 고효율, 청정 화력발전 상용화 및 시범화. 신재생에너지 설비, 첨단 에너지 저장장치, 스마트그리드 송변전, 고온 초전도 소재 등 핵심소자 개발
농업 기계 장비		식량 및 전략경제성 작물의 파종, 재배, 수확, 운반, 저장용 농업기계 및 농업장비 개발. 대형트랙터, 복합작업기구, 대형고효율 수확기 등 첨단 농기계 개발
신소재		특수금속 기능성 소재, 고성능 구조재료, 기능성 고분자소재, 첨단복합 소재 등 개발. 초천도체, 나노소재, 그래핀, 바이오 기초소재 개발
바이오 의약 및 고성능 의료기기		중증질환 치료용 화학의약품, 중의(한방)약품, 바이오 의약품 개발. 의료기기 수준 제고. 영상장비, 의료용 로봇 등 의료장비 개발. 웨어러블, 원격 진료 및 이동진료 관련 제품 개발. 바이오 3D 프린터 응용 기술 확대 등

출처 : <중국제조 2025 추진 배경과 중점 분야> 2015 제3회 한중경제포럼 2015 6월,
<중국제조 2025 문건의 내용 및 평가> KIEP 북경사무소 브리핑 2015년 6월

중국제조 2025는 제조혁신 능력 제고, 스마트 제조, 공업기반 강화, 친환경 제조, 첨단 장비 등의 5개 분야를 중점 사항에 두고 이와 관련된 5개의 중대 프로젝트를 진행하기로 하였다.

1) 제조혁신 능력 제고

중점 추진 사항으로 제조혁신능력센터를 2025년까지 40개까지 설립한다. 제조혁신센터는 국가 제조업 혁신 시스템의 핵심 주체가 되며 차세대 정보기술, 스마트 제조 기술, 적층제조, 신소재, 바이오 의약 분야 발전을 추진한다. 실제로 2016년 북경에 '국가동력배터리 혁신센터'가 처음 설립된 바 있다. 이 곳에서 중국 자동차 업체와 배터리 업체들이 모여 배터리 기술을 개발하고 배터리 기술 경쟁력을 선진국 수준으로 끌어 올리는 것을 목표로 하고 있다.

2) 스마트 제조

주요 제조 공정 및 생산 공정에 스마트 기술을 도입한다. 2020년까지 주요 제조업 분야에 스마트화 수준을 대폭 끌어 올린다. 인간 노동력을 로봇으로 대체한다.

3) 공업 기반 강화

4대 공업 기반 연구 센터를 설립하고 핵심 기초 기술, 재료, 부품 사용에 대한 지원을 강화하며 인센티브를 확대한다. 2025년까지 기초 기술, 부품, 소재의 국산화율을 70%까지 끌어 올린다. 이를 통해 공업 기반 강화를 도모한다.

4) 친환경 제조

주요 지역 및 업종의 친환경 생산 수준을 높인다. 전통 제조업의 에너지 효율을 향상시킨다. 2020년까지 친환경 공장 1000개, 친환경 시범 단지 100를 설립한다. 2025년까지 친환경 제조 분야에서 세계 최고 수준을 달성한다.

5) 첨단 장비

대형 항공기, 해양 프로젝트 장비, 첨단 선박 등 첨단 장비 분야에서 독자적인 연구 개발 및 기술을 실현한다. 이를 통해 첨단 장비 시장 내에서의 역량을 강화한다.

[표9] 5대 중대 프로젝트

프로젝트	내용
제조혁신 능력센터 건설	* 주요 업종구조 전환 및 업그레이드 * 차세대 정보기술, 스마트 제조업, 적층가공, 신소재, 바이오 의약 등 분야 수요 충족 * 산업 기초 및 핵심기술 R&D, R&D 성과물 산업화, 인재 개발 * 2020년까지 약 15개, 2025년까지 40개 건설 예정
스마트 제조	* 주요 제조 공정의 스마트화 및 로봇 대체 * 생산 공정 스마트 컨트롤, 공급사슬 최적화 * 중점 분야 스마트 공장 및 디지털 작업 현장 건설 * 2020년까지 주요 제조업 분야 스마트화 수준 대폭 향상, 시범 프로젝트 운영자본 30%절감, 상품 생산주기 30% 단축, 불량품 발생률 30% 감소, 2025년까지 각각 50% 감축
공업기반 강화	* 인센티브 및 리스크에 대한 보상 메커니즘 구축 * 핵심 기초부품, 선진공법, 중요 기초재료의 최초 사용에 대한 지원 * 핵심 기초부품, 선진공법, 중요 기초재료의 최초 사용에 대한 지원 * 4대 공업기반 연구센터 설립, 공공서비스 플랫폼 구축 * 2020년까지 핵심기술 부품 및 기초소재 40% 국산화 실현, 2025년까지 70% 실현
친환경 제조	* 전통 제조업 에너지 효율 제고, 수질오염 방지, 자원 순환 이용 등 관련 기술 개선 * 주요 지역 및 업종 친환경 생산수준 제고 관련 계획 시행 * 2020년까지 1,000개의 친환경 시범공장 및 100개의 시범단지 건설, 중점 업종 주요 오염물질 배출강도 20% 하락, 2025년까지 친환경 제조 분야 세계 선도적 지위 확립
첨단 장비	* 대형 항공기, 항공기 엔진, 가스터빈, 에너지 절감형 및 신에너지 기차, 해양프로젝트 설비 및 최첨단 선박, 스마트 그리드 등 중점 분야 혁신 * 2020년까지 상기 분야 자주 R&D 및 기술응용 실현, 2025년까지 첨단장비 시장 내 보유 지식재산권 확대, 기초 조립기술 역량 강화

출저 : <중국제조 2025 문건의 내용 및 평가> KIEP 북경사무소 브리핑, 2015년 6월

중국제조 2025는 전체적으로 볼 때 다음과 같은 특징을 갖는다.

첫째, 중국제조 2025는 전통적인 자원 집약형 제조업 중심에서 기술 집약형 스마트 제조업 중심으로 제조업 구조를 전환하고 이를 통해 제조 강국으로 성장하려는 중국의 미래 제조업 비전이라고 할 수 있다. 이에는 인터넷 기술과 전통 산업 간 융합을[15] 산업 발전의 새로운 동력으로 보고, 제조업에 인터넷 기술을 접목시키는 스마트 제조 발전 전략을 추진하고자 하는 계획이 포함되어 있다. 또한 10대 중점 육성 분야를 선정하여 집중 지원함으로써 향후 중국 경제를 견인해 갈 새로운 성작 동력을 수립하려고 한다.

둘째, 중국제조 2025는 국내외 경제 사회 발전 추세, 산업 혁신의 흐름에 대응하기 위한 장기적 제조업 발전 전략계획이다

셋째, 전통적 제조업을 구조조정하여 안정적 발전을 꾀하는 한편 기술 혁명을 통해 제조업의 혁신 능력을 높이고 첨단 산업으로 진화시키려는 계획이다. 또 제조업의 품질을 향상시키고 친환경적 제조업으로 나아가려는 계획이기도 하다. 또한 새로운 산업 영역의 원천 기술을 육성하고 확보함으로써 세계 최고의 제조업 강국으로 나아가는 기반을 닦으려고 한다.

넷째, 기존 정책보다 훨씬 전략적이고 장기적이며 신기술 혁명에 대한 대응조치가 강화되었다.

다섯째, 중국제조 2025는 제조업 혁신에만 머무르지 않고 산업

15) 중국에서는 이를 '인터넷+'라는 이름으로 부르고 있다

전체의 시스템을 전환하려는 의지가 담겨 있으며 더 나아가 사회 전체의 생활 양식과 시스템을 세계적인 흐름에 맞추어 장기적으로 전환해 나가려는 계획으로도 볼 수 있다.

중국은 중국제조2025 정책을 통해 10대 핵심 산업을 적극 육성하여 세계 최고의 제업조업 국가가 되려 하고 있다. 이에 지리적으로 인접해 있는 한국과 일본 그리고 중국 사이에는 활발한 기술 교류와 인적 교류가 이어질 것으로 보인다. 또한 한국과 일본은 중국의 정책에 대응하는 전략을 준비하여 향후 형성될 한국 중국 일본 간의 기술 지도 형성에서 유리한 위치를 점하고자 노력하고 있다.

마지막으로 중국은 경제가 발전하고 시장 경제 체제가 심화되면서 다양한 이해 관계를 갖는 경제 주체들이 공존하면서 이해 관계를 조정해가는 복잡한 경제 구조로 바뀌어 가고 있다. 이 때문에 소득불평등 문제를 시정함에 있어 각 경제 주체의 이해관계를 균형 있게 조정하는 일이 중요한 문제로 떠오르고 있다. 농촌 지역과 도시 지역 역시 경제의 한 주체로서 자신의 이해 관계를 관철시키려는 의지가 있다. 따라서 중국 정부의 입장에서는 농촌 지역과 도시 지역의 경제 발전 사이에 균형을 취하고 이해 관계를 조정하는 쉽지 않은 일을 해야만 한다. 개혁 초기에는 농촌에 혜택을 주는 정책을 취했다. 1989년부터 2003년까지는 도시 지역이 혜택을 받는 정책을 실시했고 이 당시 정책들은 도시 지역과 농촌 지역의 소득 불평등을 심화시키는 결과를 초래했다. 후진타오

집권 시에는 도시 지역과 농촌 지역의 균형 발전을 위해 농촌 지역 생활 향상을 유도하는 정책을 취했다. 정책 시행 결과 어느 정도의 성과는 거두었으나 이는 다시 도시 지역의 반발을 불러 왔고 도시 지역 로비 단체의 영향으로 향후 20년간 개발 과제의 하나로 도시화가 포함되었다. 앞으로 20년 이후에도 중국은 전 인구의 30%(4억)가 여전히 농촌에 거주하고 있을 것으로 예상된다. 이때문에 도시와 농촌 간의 이해 관계를 잘 조정하는 한편 양자 간에 벌어진 소득 격차를 합리적으로 완화하는 것이 중국이 지속적으로 발전할 수 있는 길 중 하나일 것이다.

4.3 노동력과 경제

앞에서 중국 경제는 풍부한 노동력과 상대적으로 낮은 임금을 바탕으로 성장했다고 말했다. 노동력 공급과 경제 성장의 관계를 설명하는 개념으로 루이스 전환점이라는 개념이 있다. 루이스 전환점은 노벨상 수상자인 아서 루이스 교수가 창안한 개념이다. 농업과 공업 두 부문으로 이루어진 단순한 경제를 생각해 보자. 경제 발전 초기에 공업이 발전하면 농민들은 공업 쪽 임금이 상대적으로 높기 때문에 공업 부문으로 계속 옮겨간다. 공업을 운영하는 기업은 농업에서 옮겨 온 노동력이 공급 과잉 상태에 있기 때문에 싼 임금으로 노동력을 계속 확보할 수 있어서 빠른 속도로 자본을 축적할 수 있고 경제에서 기업의 소득이 차지하는 비중이 커진다. 노동력과 관련된 유리한 환경이 기업에 계속 보장되지는 않는다. 어느 시점이 되면 노동력은 더 이상 활발하게 유입되지 않고 정체되기 시작한다. 이 때가 되면 기업은 노동력을 이전만큼 수월하게 구할 수가 없게 되므로 임금 인상을 통해 노동력을 유인해야 한다. 이 단계에 이르면 기업은 해외에서 임금이 저렴한 노동력을 수입하거나 저임금 국가에 투자하는 방식으로 저임금 상태를 유지하면서 이익 창출을 지속하려고 한다. 만약 기업이 저임금을 유지할 수 있는 방법을 찾지 못하고 임금을 인상하게 되면 기업의 소득이 임금인상분만큼 노동자 쪽으로 옮겨가는 소득 재분배 효과가 발생한다. 이와 같이 경제 발전 단계에서 노동력이 공업에 과잉 공급되어 저임금 상태가 유지되는 단계에서 과잉 공급이 중단되고 임금이 인상되는 단계로 넘어가는 시점을 루이스 전환점이라고 한다. 중국이 루이스 전환점에 도달했는가 하는 문제는 중국 내에서 많은 논쟁이 벌어지고 있는 중요한 문제이다. 루이스 전환점 도달 여부는 향후 경제 발전 전략을 수립하는데 중요한 판단 기준이 되기 때문이다. 루이스 전환점이 이미 왔다고 보는 사람들은 중국 연해 지역의 노동력 부족 현상이 발생한 2004년을 루이스 전환점으로 본다. 이 당시 농촌에서 이주해 온 이주노동자들을 주로 고용했던 광둥성 수출 기업들이 공장에서 일할 인력을 구하지 못해 애를 먹었고 이런 인력 부족 현상은 전체적으로 노동력 공급이 더 이상 증가하지 않았기 때문에 일어난 것으로 판단한다. 만약 중국이 루이스 전환점에 이르렀다면 노동집약산업은 더 이상 비교우위를 가질 수 없으므로 향후 경제 발전 전략을 근본적으로 수정하여 성장의 원동력을 생산성 향상에서 가져와야 한다. 한편 아직 루이스 전환점에 이르지 않았다고 보는 사람들은 농촌에 아직 많은 잉여 노동력이 있다고 보고 그럼에도 도시 임금이 상승하는 것은 2004년부터 시작된 최저임금 인상, 농촌 생활 향상으로 인한 도시 이주 기회비용 증가 때문으로 생각한다. 경제 발전을 위해서는 농촌에 있는 잉여 노동력을 다시 도시로 유인할 수 있도록 호구제 폐지, 농토 소유권 인정과 매매 허용, 교육 보급, 노동집약 산업의 중서부 이전 등이 필요하다고 본다. 중국은 노동집약 산업을 상당 기간 유지해야 하며 농촌 잉여 노동력을 도시로 끌어들이는 것을 정책 목표로 삼아야 한다고 한다. 그러나 학자들은 대체로 중국은 이미 루이스 전환점을 통과했다고 보는 편이 많다. 아서 크뢰버는 2005년 광둥성 내 수출 기업의 공장에 인력난이 나타난 점, 2010년 청년 노동자 인구가 감소하면서 이주 노동자들의 임금 상승 속도가 전반적으로 빨라진 점, 일찌기 1990년대 말에 정부의 대학 등록률 확대 정책이 노동 시장에서 청년 노동력이 과잉 공급되어 있어 이를 완화하기 위해 청년 노동력을 노동력에서 제외하려고 한 정책이었다는 점 등은 모두 노동 인력 공급 감소에 기인하는 현상들이었고 이로 볼 때 루이스 전환점을 통과했다는 것은 의심의 여지가 없다고 하였다.[16]

노동력이 경제 발전에 미치는 영향을 설명하는 또 다른 개념으로 인구배당효과가 있다. 인구배당효과는 한 나라의 인구 구성에 있어 노동을 하지 않고 부양만 받는 인구의 비율이 부양을 하는 인구 비율보다 크게 떨어지는 시기를 말한다. 대체로 농촌 사회는 영아나 유아의 사망률이 높기 때문에 자녀를 많이 낳는다. 경제가 발전하여 의료 서비스가 좋아지고 생활 환경도 깨끗해지면 영아와 유아의 사망률이 줄어들게 된다. 이때에는 출산한 자녀가 성장할 때까지 죽지 않고 살아남을 확률이 높기 때문에 굳이 자녀를 많이 낳으려고 하지 않는다. 결과적으로 출산률은 떨어지게 된

16) <127가지 질문으로 알아 보는 중국 경제> 아서 크뢰버, 242-243쪽

다. 이러한 인구 변화가 진행되는 동안 인구 구성도 변하게 된다. 즉 많이 낳고 많이 죽는 시기에서 적게 낳고 적게 죽는 시기로 전환될 때 그 과도기에 해당하는 많이 낳고 적게 죽는 시기가 있는데 이 때 태어난 사람들이 15세가 되어 생산가능인구에 들어가게 되면 전체적으로 생산가능인구가 급격히 늘어나게 된다. 이들은 많이 낳는 시기에 태어났지만 자신들은 자녀를 적게 낳을 것이다. 결과적으로 이들이 생산에 참여하는 시기에는 전체적인 인구 구성이 부양해야 할 인구 수는 적고 생산에 참여하는 생산가능인구는 많게 된다. 그러면 생산가능 연령대의 사람이 부양해야 할 사람 수가 적어진다. 즉 피부양 인구와 생산가능인구 사이의 비율인 부양비가 줄어든다. 부양비가 줄어들면 부양에 들어가는 비용이 줄어들게 되어 사실상 소득이 늘어나는 효과가 발생한다. 이 때 늘어난 소득은 저축으로 전환된 가능성이 높다. 만약 국가에서 이러한 저축으로 전환될 가능성이 있는 소득 부분을 잘 포착하여 가계 저축으로 유도하고 이를 사회 인프라 구축에 활용하는 등 또 경제 발전에 필요한 투자 재원으로 활용한다면 경제가 성장하는 데 큰 도움이 될 것이다.

중국은 그 동안 경제를 성장시키는데 있어 인구배당효과를 많이 누렸다. 1950년대 말 중국 공산당은 철강 산업을 비약적으로 발전시킨다는 비현실적인 목표 아래 대약진운동을 펼쳤는데 운동의 결과 대부분의 농민들이 농업을 포기하고 철강 생산에 매달려야 해서 농촌이 피폐해졌고 거기에 기근이 겹쳐 1959년부터

1962년까지 수많은 사망자가 발생했다. 당시 사망자 수는 적게는 3,000만 명에서 많게는 4,000만 명으로 추산한다. 대규모 사망이 있은 후 1963년부터 1973년까지 재앙에 의한 대규모 사망 이후의 자연스러운 출산 증가와 인구 수를 국력으로 보는 정부 당국의 태도 그리고 점진적인 의료 서비스 위생 상태 개선 등의 요인으로 인해 폭발적인 베이비 붐이 일어났다. 실제 인구 수로 보면 이 십 년의 기간 동안 약 2억에 가까운 인구가 늘어났다고 한다. 중국은 1970년대 이후부터 인구 억제 정책을 펴기 시작했는데 1973년부터 실시된 결혼은 가능한 늦게 하고 자녀 간 터울은 더 길게 하며 자녀 수는 적게(도시는 둘, 농촌은 셋까지)하라는 이른바 '더 늦게, 더 길게, 더 적게' 정책은 이미 유명하다. 어쨌든 1970년대 이후의 인구 억제 정책은 성공을 거두어 인구대체 출산률 2.1명에 근접할 정도로 출산률이 줄어들었다. 이에 고무된 중국은 1980년대에 오히려 인구 억제 정책을 더욱 강화하여 1가구 1자녀 정책을 실시하였고 이에 따라 출산률은 더욱 떨어졌다. 요컨데 중국은 1950년대 말의 대규모 사망, 1960년대부터 1970년대 초까지의 베이비 붐으로 인한 인구 증가, 1970년대 이후의 인구 억제 정책으로 인한 출산률 하락 등의 과정을 거치며 인구배당효과를 누릴 수 있었다. 1975년부터 2010년 사이 부양비(생산가능인구 100명 당 15세 이하 인구 수와 65세 이상 인구 수를 합한 인구 수의 비율)는 80에서 36으로 줄었다. 이 기간 동안 저축은 국내 총생산의 33%에서 50% 이상으로 증가하였다. 또 같은 기간 연간 실질 투자 증가율은 평균 12%였고 국가 경제는 연평균 10%씩 성장하였다.[17] 중국은 인구배당효과라는 좋은 조건을 놓치지 않고 기회를 살려 적절한 정책으로 대응함으로써 잠재적인 유리함을 실제 경제 성장으로 현실화시켰던 것이다.

문제는 이러한 인구배당효과가 앞으로도 지속될 지 여부에 있다. 중국으로서는 아쉽겠지만 전문가들은 인구배당효과는 거의 끝나고 있다고 말한다. 앞에서 중국의 인구배당효과의 배경에는 70년대 초까지의 베이비 붐과 그 이후의 낮은 출산률이 있다고 했다. 이 말은 곧 인구배당효과의 주역은 베이비 붐 세대였고 이들이 은퇴하는 향후 몇 십년 안에 이들은 그대로 피부양인구가 되어 결과적으로 부양비가 치솟을 것이라는 뜻으로도 해석할 수 있다. 또한 현재의 인구 변화 추이대로 한다면 2030년에는 생산가능인구 3.5명이 은퇴 노인 1명을 부양해야 하고 2050년에는 생산가능인구 2명이 은퇴 노인 1명을 부양해야 할 것이다. 또한 중국의 인구는 2035년까지는 증가할 것이지만 전체 인구 중 생산가능인구인 15세-64세 인구는 곧 감소 추세가 보일 것으로 예상된다. 15-59세 인구는 이미 2010년부터 감소하기 시작했다. 노동가능인구가 감소하고 노령인구가 증가하면 부양비가 증가하기 때문에 그 동안의 높은 저축률이 줄어들 것이고 궁극적으로 성장률이 둔화될 것이다. 이런 상황을 미리 막기 위해 중국은 교육 투자를 통해 인적 자본을 확충하려고 한다. 이는 노동려과 경제력의 관계를 생

17) <127가지 질문으로 알아보는 중국 경제> 아서 크뢰버, 230쪽

각해 보면 사실 숫자보다 질이 더 중요하기 때문이다. 즉 노동자의 생산성을 높이는 것이 경제 성장에 더 많은 영향을 끼치는 것이다. 예를 들어 중국과 미국의 노동력을 비교할 때 미국의 노동력 수는 중국의 5분의 1에 불과하나 경제 규모는 오히려 미국이 더 크고 노동자 생산성 측면에서는 미국 노동자가 중국 노동자의 8배에 이르는 것으로 파악되고 있다. 따라서 인구 변화에 따른 노동 인구 구성의 변화에 대응하려면 교육 등을 통해 노동력의 질을 높여 생산성을 향상시키는 데 중점을 두어야 할 것으로 보인다.

중국 노동 시장의 큰 특징은 노동시장 양극화와 임금 격차 확대이다. 임금 격차의 가장 중요한 요인은 인적 자본이다. 임금이 빠르게 상승함에도 임금소득이 국민소득에서 차지하는 비중은 급격히 감소하는데 이는 임금은 상승하지만 기업 이윤과 자산소득이 더 빠른 속도로 증가하기 때문이며 그 궁극적 원인은 노동력에 체화된 인적자본의 부족이다. 사회적 인적 자본의 부족으로 인하여 인적 자본의 가치가 매우 높은 것이 중국 노동시장의 특징이며 임금 격차 해소와 임금소득 확대를 위해서는 교육 확충을 통한 인적자본 축적이 중요한 정책 방향이 될 것이다.

4.4 중국의 도시화[18]

어느 나라든 산업화 과정에서는 농촌 인구가 도시로 몰려드는 현상이 나타난다. 농촌 노동력이 도시로 유입되면 도시는 경제 활동에 투여할 노동력을 확보하게 되고 이를 바탕으로 경제 성장을 도모하게 된다. 경제 성장과 더불어 도시는 다시 새로운 모습으로 진화하게 된다. 이런 도시의 발전 과정은 경제 성장과 상호 작용하며, 경제 발전의 3단계와 대략 일치한다.

1) 자석 단계

한 국가의 경제가 산업화되면 그 과정에서 도시의 내부나 도시 인근에 제품을 생산하는 공장이 들어서게 된다. 이런 공장에서 노동을 제공하고 얻을 수 있는 임금은 농촌에서 농사를 지어 얻을 수 있는 소득보다 훨씬 높기 때문에 농촌의 노동력은 대거 공장으로 이동한다. 그 형상이 마치 쇠붙이가 자석에 끌려 들어가듯 이동하기 때문에 이 단계의 도시화를 '자석 단계'라고 부른다. 산업화 시기 공장 노동자의 생산성은 농업 노동자보다 훨씬 높아서 경제 성장에 끼치는 영향이 크기 때문에 공장이 위치해 있는 도시 또는 도시 인근으로의 이주는 경제 성장을 촉진하는 중요한 요소가 된다.

18) 이 장은 주로 <127가지 질문으로 알아보는 중국경제> 아서 크뢰버의 제4장 도시화와 사회기반시설을 참고하였음.

2) 건설 열풍 단계

자석 단계에서 일정 시간이 지나면 도시 형성과 확장 등 도시를 만드는 과정 자체가 경제 발전을 이끄는 한 과정이 된다. 도시로 이동한 노동자들이 효율적으로 노동하도록 하기 위해서는 그들에게 기본적인 삶을 영위할 수 있는 주거 시설 및 기타 사회기반시설을 제공해 주어야 하기 때문에 그에 대한 수요가 늘어나고 수요에 맞추어 새로 건설해 주어야 한다. 이와 같은 기본적인 인프라 시설을 건설하는 과정에서 건설 산업뿐만 아니라 그와 관련된 연관 산업이 발생하고 자연스럽게 신규 고용 공간이 창출된다. 이 단계를 '건설 열풍 단계'라고 한다. 생산성 측면에서 보면 사실 건설 붐이 경제 성장을 이끄는 요인으로 작용하기는 하나 이전의 자석 단계만큼 생산성이 높아지는 것은 아니다. 농업 노동자가 공장 노동자가 되는 식으로 노동을 제공하는 산업 부문 자체가 달라진 것은 아니기 때문이다.

3) 스마트 시티 단계

건설 열풍 단계에서 필요한 사회기반시설을 모두 갖추고 나면 도시는 경제 활력의 중심지가 된다. 도시에 사는 숙련 노동자들은 그들끼리의 인적, 지적 네트워크를 구축하고 이를 바탕으로 그들이 종사하는 특정 산업을 확장해 나간다. 이렇게 숙련 노동자들의 네트워크에 의해 형성된 산업이 성공하면 그대로 그 도시의 고부가가치 특화 산업이 되고 도시는 그 산업을 중심으로 발전하게 된다. 예를 들어 로스엔젤리스는 할리우드로 상징되는 엔터테인먼트 산업으로 특화된 스마트 시티이고 샌프란시스코는 릴리콘밸리로 상징되는 첨단 벤처 산업으로 특화된 스마트 시티라고 할 수 있다. 브루킹스 연구소에 따르면 세계 경제 성장의 절반은 극도의 고부가가치 산업이 특화되어 있는 300개 정도의 도시에 의해 이루어진다고 한다.

위와 같은 도시화 단계에 비추어 보면 중국은 개혁 개방이 시작된 후 78년부터 98년까지 20년 간은 자석 단계라 할 수 있고 98년 이후는 건설 열풍 단계에 해당한다고 본다. 78년 이후 농촌의 노동자들은 대거 도시의 공장에서 일하기 위해 대거 이주했다 농촌 노동자들이 생산성이 낮은 농업 경제의 노동에서 산업 경제의 공업 노동으로 옮기면서 생산성이 빠르게 증가하였다. 이는 중국 경제 성장의 한 원동력이기도 했다. 98년 이후에는 이주 노동자에 대한 규율이 느슨해지면서 도시로의 이주가 가속화되는 현상이 나타났다. 또한 90년대 말에 도시 주택 시장이 민영화로 인해 엄청난 주택 건설 붐이 일어났다. 또 98년 이후에는 국가에서 정책적으로 사회기반시설 건설에 중점을 두고 지원했다. 이로 인해 장거리를 신속하게 이동할 수 있는 교통 시설들이 많이 건설되어 노동자들의 이동과 이주가 전에 비해 수월해졌다.

중국의 도시화 과정은 현재 건설 열풍 단계에 있으면서 완전한 정체기에 들어선 상태이다. 주택 건설은 정점에 도달하여 2020년 이후에는 감소할 것으로 예상된다. 사회기반시설도 왠만큼 다 지어서 더 이상 새로운 것을 지을 필요가 없어졌다. 그러므로 건설 열풍 단계의 신규 건설은 경제 성장의 동력이 될 수 없다. 이제 남은 단계는 도시가 특화와 혁신을 이루어 스마트 시티 단계로 진입하는 것이다.

중국은 다른 나라에 비해 도시화 속도가 빨랐다. 전체 인구 대비 도시 거주 인구 비율이 78년 18%에서 2013년 56%로 증가하여 도시 거주 인구 비율 증가 속도는 미국의 2배 수준에 달했다. 실제 인구로 보면 78년 1억 7,200만 명이던 것이 2013년 7억 3,100만 명으로 늘어나 약 거의 6억 명이 25년 사이에 도시로 이주한 것이다. 중국의 도시 인구가 폭발적으로 증가한 것은 사실이지만 도시화 비율로 보자면 비슷한 소득 수준의 국가보다 덜 진행된 상태이다. 인구통계학자들은 보통 도시화가 전체 인구의 4분의 3 수준에서 멈춘다고 하는데 이에 따르면 중국은 아직 3분의 2 수준밖에 진행되지 않았다.

개혁 개방 이후 20여 년 동안 6억에 가까운 인구가 도시로 이주하여 살고 있지만 도시 거주민들 사이에는 소득 수준이나 삶의 질 사이에 수준 차이가 심하다. 도시 거주민의 40%(2억 6,000만 명)는 사회복지 서비스를 받지 못하며 표준 이하의 열악한 주택에 거주하고 있다. 그래서 학자들은 중국의 도시화를 '부분적 도시화'라고 한다. 같은 도시에서 거주하는 사람들 사이에도 소득 격차뿐만 아니라 사회 복지 혜택이나 사회 공공 서비스를 받는 일에 있어서도 격차가 있기 때문이다. 이와 같이 사회적 보호를 받지 못하는 불완전한 도시인을 완전한 도시인으로 바꾸어 완전한 도시화를 이루는 일이 향후 중국의 과제이다.

도시 거주민 간의 불평등한 격차를 야기하는 부분적 도시화가 발생하는 이유는 거주지역 등록 제도인 '호구제'에 있다. 호구제는 1958년부터 시행되었으며 애초에는 인구 조사나 세금 납부 목적으로 사용되었다. 호구는 거주 지역에 따라 농업 호구와 도시 호구로 나뉜다. 호구제에 의해 각 개인은 호구 등록 장소에 배정되고 이를 변경하는 일은 매우 어렵다. 이 때문에 농촌에서 도시로 이주하는 일이 거의 불가능했고 호구 등록 지역을 벗어나 다른 곳에서 직장을 구하기는 더욱 어려웠다.

80년대 이래 동부 해안 도시의 공장이 노동력을 흡수하기 시작하면서 이동을 제한하는 호구제는 사실상 유명무실해졌다. 도시 관리들은 도시 경제 발전을 위해 농촌 노동력의 자유로운 도시 유입을 허용하였다. 한편 이주 노동자들로 인한 빈민가가 형성되지 못하도록 노동자 가족의 이주는 제한하였다. 가족을 데려올 경우 자녀들은 거주 지역 공립학교에 다니지 못하고, 병원 진료를 받을 수 없고, 일반 주택에 세를 들 수 없고, 주택을 살 수도 없는 등 도시 호구 사람들이 누리는 사회복지서비스를 받을 수 없었다

호구제가 노동력의 이동을 막지는 않게 되었으나 이동의 흐름을 왜곡시키는 폐해를 낳았다. 이주 노동자들은 취업 기회가 많고 가능성도 높은 대도시로 이주하기를 희망하지만 그런 대도시 예

를 들면 베이징이나 상하이는 호구제를 가장 엄격하게 시행하여 실제로 이주하기는 어렵다. 이 때문에 노동자들은 차선책으로 소도시로 이주하게 되는데 소도시는 장기적으로 생산성 증가를 기대하기 어렵다. 또 한편으로 호구제는 도시에 이주한 이주 노동자들과 도시 호구 노동자들을 차별하는 기제로 작용하여 도시 내에서의 사회적 이동을 어렵게 만든다. 이주 노동자들은 도시 호구 노동자에 비해 임금 수준이 현저히 낮으며 그들의 자녀들은 학교 입학, 주택 구입, 의료 서비스 등 사회 공공 서비스를 제대로 받을 수도 없다. 결국 그들과 그들의 가족은 도시에 거주하면서도 2류 계층으로 살아갈 수 밖에 없게 되는 것이다.

중국 정부의 입장에서는 호구제로 인한 사회적 불만을 인지하고 있어 개혁의 필요성에는 공감하는 것처럼 보이나 실제로는 모순되는 사항들을 해결하는 한도 내에서 개혁 방안을 추구해야 하는 어려운 입장에 놓여 있다. 즉 우선적으로는 도시 거주민들 사이의 불평등을 야기하는 차별적인 사회복지 서비스 제공을 개혁하기 위해서는 이주 노동자들에게도 도시 호구 노동자와 똑같은 사회복지 서비스를 받을 수 있도록 해야 한다. 이는 사실상 이주 노동자들이 거주하는 도시의 복지 재정 부담을 유발한다. 만약 도시에 복지 재정 부담이 증가하면 그 도시의 경제 성장을 저해할 수 있다. 그러므로 복지 비용 증가로 인하여 도시 재정에 과도한 부담이 발생하는 일은 없어야 한다. 또한 왜곡인 노동력 이동을 방지하기 위해 연해 지역의 대도시에 이주 노동자들이 몰리지 않게 해야 하고 전국에 걸쳐 균형있게 노동력이 퍼져 나갈 수 있도록 해야 한다. 어쨌든 중국 정부는 2000년대 이후 호구제에 대하여 순차적으로 개혁 방안을 내놓았다.

2014년에 발표된 호구제 일부 완화 대책을 보면 주요 내용은 500만 명 이상의 도시로의 이주는 엄격하게 제한하고 거주민 100만 명 이하의 도시로의 이주는 적극 장려하는 것을 골자로 하고 있다. 2014년 호구제 완화 대책의 이면에는 도시화를 둘러 싼 복잡한 이해 관계가 얽혀 있는 듯 보인다. 첫째, 도시 엘리트 층이 저소득 노동자들이 이주해 옴으로써 자신들의 삶의 질이 떨어지는 것을 막으려 했던 것이고 둘째, 전통적으로 인구 1,000만 명 이상 되는 거대 도시가 형성되는 것을 달가워하지 않는 정부의 성향 때문이기도 하다. 거대 도시가 성립한다 해도 서울처럼 서울처럼 경제 활력이 넘치는 성공적인 거대 도시가 될 지 마닐라와 같이 성공적인 도시라고 보기는 어려운 거대 도시가 될 지는 알 수 없다. 그러나 어쨌든 이 정책은 성장 가능성이 큰 주요 도시들의 성장을 인위적으로 제약함으로써 사회적 혁신을 지연시키고 호구제로 인한 불평등 문제도 해결하기 어렵게 만들었다.

일부 도시에서는 또 다른 보완책으로 거류증 제도를 도입하여 시행하기도 했다. 거류증 제도는 호구와 사회복지 서비스의 연계 적용 관계를 끊고 노동자가 실제로 일하면서 살고 있는 도시에서 발행한 거류증에 따라 사회복지 서비스를 받을 수 있도록 하는 제도였다. 이 제도는 2010년 이후 광저우, 선전, 충칭, 상하이,

톈진 등에서 시범 실시하였다. 거류증 제도는 점수제를 주요 골자로 하여 하여 시행하였다. 거류증은 거주 도시에서 무제한 발행되는 것은 아니었고 대부분의 도시에서 획득한 점수에 따라 발행되었다. 즉 이주 노동자들은 이주 연수, 세금 납부 등 거주 도시에서 정한 기준 조건을 채우면 점수를 쌓고 누적된 점수가 일정 수준에 도달하면 거류증이 발급받을 수 있었다. 거류증 제도가 전국 단위로 실행될 수 있다면 농업 호구는 농촌 토지 소유권 증명 정도의 역할만 할 뿐 사실상 무의미하게 될 것이다. 그러나 기대와는 달리 실제로는 시범 단계에서 머무르고 있고 더 이상 발전하지 못하였다. 가장 큰 이유는 역시 도시의 복지 비용 부담 능력에 있다. 이주민들에게 사회복지 서비스를 제공할 수 있을 정도의 재정 능력이 없는 도시로서는 정부 지원 없이 이 제도를 운영하는 것이 커다란 재정 부담을 안는 것이기 때문이다.

대부분의 도시 거주민들은 90년대 말까지 직장 단위에서 지정하는 아파트에서 명목 상의 월세를 지불하며 살았다. 이런 주택 공급 제도 방식 하에서는 집을 새로 지을 사람이 아무도 없었다. 이 때문에 주택은 언제나 공급 부족 상태였다. 마오쩌둥 계획 경제의 유산이었던 이 주택 공급 정책은 주룽지 총리 시대에 접어들어 변화하게 된다. 그는 국유 기업을 개혁하는 정책 중 하나로서 국유 기업과 정부 직장 단위가 소유하고 있던 주택을 거주하고 있는 임차인들에게 저렴한 가격에 팔도록 했다. 저렴한 매도 가격에도 불구하고 임차인들은 구매력이 없어 정부의 보조금을 받거나 무이자 대출을 받았다. 그런 방식으로 구매할 경우 매수인은 보통 5년 간 매도할 수 없었다. 그러나 주택 시장 민영화 정책으로 부동산 가격이 폭등하여 주택 시장에 참여할 능력이 있었던 사람들을 중심으로 막대한 부의 이전이 일어났고 이후 10년 간 엄청난 주택 붐이 시작되었다. 부동산 가격이 폭등한 이유는 90년대 말 이전에는 부동산 시장 자체가 존재하지 않았다. 또 대부분의 도시 부동산은 국유기업 관리 하에 있었기 때문에 부동산 가치는 잠재적인 시장 가치에 비해 현저히 낮은 상태였다. 이 때문에 주택 시장 민영화 정책으로 인해 부동산 시장 형성된 이후에는 실제 시장 가치에 도달할 때까지 막대한 차익 실현할 수 있었고 또 90년대 말 이전 중국은 심각한 주택 공급 부족 상태에 있었다. 부동산 시장 형성 이후에는 수요와 공급이 균형을 이룰 때까지 가격이 폭등할 수 밖에 없었다.

주택 민영화의 결과 도시민들은 막대한 이득을 거두어 경제와 삶의 수준이 향상된 반면 경제적 불평등과 불공정을 양산했다. 민영화 초기 국유 주택에 살고 있던 사람들은 시장에 참여하여 낮은 계획 가격에 매입하고 높은 시장 가격으로 매도하여 막대한 이익을 얻었으나 국유 아파트에 살지 않은 사람, 구매할 현금이 없었던 사람들은 민영화 시장에 진입할 기회가 없었기 때문이다. 2000-2010년 주택 붐은 실수요에 의한 주택 시장 호황이라기보다는 도시 호구를 가진 사람들이 이미 보유하고 있는 주택 대신 새로 지은 좋은 집에서 살려는 '업그레이드' 수요 때문이었다. 실제로 거주할 주택이 필요한 도시로 이주한 수많은 이주 노동자들이 있었지만 주택 시장은 주로 도시 호구를 가진 내부자들의 게임이었다고 해도 과언이 아니다.

결국 중국의 주택 민영화 정책은 정책 형성 과정에 자리잡고 있는 도시 중심적 경향 을 극명하게 보여주는 사례가 되었고 중국 사회의 불평등과 격차를 만드는 주요 원인으로 작용했다. 도시 거주민들은 거의 완전한 부동산 권리를 갖고 있어 권리를 행사하여 자본 수익(비과세)을 다 가질 수 있다. 그러나 농민들은 부동산을 이용할 권리 이외에는 별 권리를 갖지 못하며 정부가 공공 목적을 이유로 토지를 수용할 경우에도 거부할 권한이 없고 국가에서 주는 보상금도 만족스러운 편이 아니다. 이러한 도시와 농촌 간의 권리 격차가 해소되지 않는다면 도농 간의 소득 불균등 현상은 해결되지 않을 것이다.

앞에서 이미 언급한 대로 1980-1990년대에는 노동자가 도시로 이주할 경우 복지 재정 부담 문제 등으로 인해 당사자는 받아들여졌지만 그의 가족은 받아들여지지 않았다. 그의 가족들은 설사 도시로 이주하여 거주한다 하더라도 도시가 제공하는 사회복지 혜택은 받을 수가 없었다. 그 결과 도시는 도시대로 성장이 지체되고 이주 노동자들은 이주 노동자대로 도시의 이류 계급으로 전락했다. 이로 인해 도시 내에서 사실 상의 계급 분화가 일어났다. 2000년대 이후에는 이주 노동자 가족의 이주를 허용하고 도시화 과정 그 자체를 경제 성장의 동력으로 삼으려고 했다. 그러나 경제 성장의 동력이 될 잠재력이 있는 대도시로의 유입은 엄격히 통제하였고 잠재력이 적은 중소도시로만 이주하도록 유도하여 정책의 취지와는 상반된 실행 양상을 보여 주었다. 중소 도시들은 재정 시스템이 열악하여 주로 토지 매각을 통하여 재원을 충당하고 충당된 재원을 사회기반시설 건설에 투자하여 도시의 외형만 넓혀갈 뿐 실제 생산성 중심의 경제 성장을 이룰 능력이 별로 없어 보이기 때문이다.

중국 정부도 이러한 문제를 인식하고 있어 2014년 리커창 총리 주관 하에 향후 10년 간의 도시화 계획으로서 '신형 도시화 계획'을 발표하였다. 신형도시화 계획은 대체로 기존 방식과 같은 물리적인 건설을 줄이고 그 대신 기존 도시의 사회 복지 서비스와 인력 개발에 무게를 두는 정책이라 할 수 있다. 이 정책은 시진핑 정부가 세운 정부 예산 제약 정책, 사회보장 서비스 재정 강화 정책, 도시 정부가 토지 매각으로 얻는 이익에 의존하지 못하도록 하는 정책 등과 맞물려 시너지 효과를 낼 수 있을 것으로 기대된다. 그러나 한편으로는 신형 도시화 정책은 두 가지 문제점을 안고 있는 것으로 보인다. 첫째, 신형도시화정책은 2020년까지 1억 명의 이주 노동자에게 도시의 사회 복지 서비스와 완전한 주택 이용 권리를 부여하려고 한다. 이는 잘 시행된다면 도시 내부에 고착화된 계급 제도를 없애는 긍정적인 효과를 거둘 수 있으며 정책 방향으로는 건전한 움직이라 할 수 있다. 그러나 역시 사회보장 서비스에는 가장 문제되는 것이 재원인데 그것을 감당할 막대한 사회 보장 서비스 재원을 조달할 수 있는 방법에 대해서는 구체적으로 밝혀진 바가 없다. 둘째, 농민의 이주 제한을 점진적으로 완화하되 대도시(500만 이상)로의 유입은 엄격하게 제한하고 100만 이하 소도시로의 이주는 적극 권장한다. 이는 앞에서 언급한 대로 성장 가능성 있는 곳에는 노동력 유입을 제한하고 성장 가능성이 떨어지는 곳으로 노동력을 유인하는 조치로서 경제 논리로서는 받아들여지기 어려운 조치이기도 하다. 이로 인해 성장 가능성과 잠재력이 높은 대도시의 혁신과 생산성 향상 오히려 지연될 수도 있다. 이러한 조치의 배경에는 경제 성장을 최대화하려는 순수한 경제 논리 이외에 사회적 통제를 효율적으로 유지하려는 정치적 목표가 함께 들어 있다고 평가하는 시각도 있다.

4.5 소득 불평등

중국은 개혁 개방 체제 이후 30여 년의 시간 동안 급속히 성장하여 수억 명의 국민들이 빈곤에서 탈출할 수 있었다. 그러나 급속한 성장으로 인하여 얻어진 과실은 사실 국만 모두에게 골고루 돌아갔다고 보기 어렵다. 현재 중국은 성장의 이면에 세계에서 가장 불평등한 국가라는 문제를 안고 있으며 또한 지난 몇 십년 간 불평등이 가장 빠르게 심화된 국가라는 문제도 안고 있다. 소득 불평등을 수치로 계량하는 지니계수를 통해 어느 정도 불평등한 상태인지 알 수 있다. 지니계수는 0에서 1까지 숫자로 표현되는데 계수가 0이면 모든 사람의 소득이 똑같은 완전 평등 상태이고 1이면 모든 소득이 한 사람한테 있는 완전 불평등 상태를 가리킨다. 보통 대부분의 국가들은 0.3에서 0.6 사이에 위치하는데 분배 제도가 잘 갖추어진 유럽 선진국들의 경우 이 범위의 아래쪽에 위치하고 자산 집중이 심한 라틴아메리카 국가들의 경우 이 범위의 위쪽에 자리잡게 된다.

중국은 정부의 공식 발표에 따르면 2008년에서 2009년 사이의 경우 0.49이었으며 2014년의 경우에는 0.47이었다. 이 수치는 주요 선진국들은 물론 이웃의 경제 발전 국가인 한국이나 일보보다도 높고 심지어 중국 경제 수준보다 못한 인도보다도 높은 수치이다. 이 때문에 중국의 소득 불평등이 심각하다는 점에 대해서는 누구나 의견이 일치하고 있다. 소득 불평등과 관련하여 한 가지 더 주목할 점은 중국의 소득 불평등 정도는 다른 어떤 나라보다도 빠르게 심화되었다는 점이다. 학자들의 연구에 따르면 중국은 1988년부터 2008년까지 20년 사이에 급격하게 불평등이 심화되었다고 한다. 이렇게 짧은 기간 사이 소득불평등이 심화된 이유는 산업화 과정에서 일반적으로 나타나는 불평등 현상이기 때문이기도 하고 중국 만의 특수한 상황 때문이기도 하다. 일반적으로 농촌 경제에서 근대 산업 경제로 이행하는 과정에서 전통적인 농업에서 계속 일하는 사람보다는 산업 경제에 투자할 수 있는 자본을 가진 사람이나 산업 경제 각 부문에서 일할 능력이 있는 사람이 훨씬 빠르게 소득을 증가시킬 수 있다. 경제가 발전하면 산업 경제에 참여할 수 있는 사람들이 늘어나고 소득 격차는 계속해서 줄어들어 불평등은 완화되어 간다. 중국의 현재의 소득불평등 역시 이런 경제 전환 과정에서 나타난 측면이 있을 것이다. 그 다음 중국 만의 특수한 상황이라 함은 도시거주민과 농촌 거주민 사이에 존재하는 재산권 차이를 말한다. 도시 거주민들은 앞에서 언급했던 대로 주택 시장 민영화 정책이 시행된 이후 자유로운 부동산 매매를 통해 부를 축적할 수 있었다. 더구나 부동산 매매 소득에 대해서 세금이 부과되지 않았기 때문에 소득이 고스란히 도시 거주민에게 돌아갈 수 있었다. 반면 농촌 거주민들은 부동산 이용권 이외에는 별다른 권리를 갖지 못한 상태였기 때문에 부동산을 통한 어떤 이익도 얻지 못했다. 심지어 지방 정부가 토지를 수용할 경우에도 저항할 권리가 없었기 때문에 지방 정부에 의해 시장 가격에 못미친 가격으로 토지가 수용되어 버리는 일까지 있었다.

중국에서 소득불평등이 심각하게 나타나는 주요 부문은 개인 간의 불평등, 도시 가구와 농촌 가구의 불평등, 그리고 연해 지역과 내륙 지역 간의 불평등을 들 수 있다. 개인 간의 불평등은 점점 심각해져 가고 있어서 지니 계수 상으로도 대부분의 국가들이 속해 있는 범위의 최상층에 근접해 있다. 개인의 자산 소유 상황도 불평등이 심해서 상위 10% 가구가 전체 자산의 85%를 차지하고 있다고 한다.[19] 농촌 가구와 도시 가구의 불평등 문제는 좀 살펴볼 필요가 있다. 개혁 개방 체제를 시작할 당시 가장 중요한 개혁 과제 중 하나는 농촌 개혁이었다. 당시 농촌의 빈곤 수준은 최악이라고 해도 좋을 정도로 심각했기 때문에 무엇보다 농업 개혁을 통해 농업 경제를 살리는 것이 급선무였다. 농촌 개혁 작업은 이후 중국 경제 성장의 밑거름이 될 정도로 성공하였다. 그 결과 80년대 농촌 지역의 소득은 도시 지역보다 더 빠르게 증가했다. 그러나 89년 6·4 천안문 사건을 계기로 개혁의 중심이 농촌에서 도시로 바뀌게 되었다. 80년대에는 새로운 경제 체제로의 전환이 시도되고 개방을 통해 선진국의 상황을 직접 체험하게 되는 등 사회 전반적인 분위기가 역동적으로 변하면서 경제 이외의 정치 방면에서도 새로운 대안을 논의하는 일이 활발하게 일어났다. 또 해외 여행이 가능해지면서 정치적으로 민주적이고 경제적으로 발전

---

19) <127가지 질문으로 알아 보는 중국 경제> 아서 크뢰버, 275쪽

된 국가들의 상황을 직접 목격할 수 있게 되었다. 이에 비해 국내 경제 상황은 그다지 좋지 않아 1988 말부터 1989년 초까지 물가가 폭등하여 20-30%까지 치솟아 도시 지역 주민들의 소득 상승분을 모두 무화시켜 버렸다. 또한 국유 기업과 민간 기업 가릴 것 없이 모두 고용 상황이 좋지 않아 청년들은 취업난에 허덕였다. 또 관료를 중심으로 물품을 계획 가격으로 사들여서 시장가격으로 되팔아 차익을 남기는 부패가 만연하였다. 물가 상승으로 인한 생활 불안, 취업난, 관리들의 부패 등 모순 상황에 대한 불만이 높아져 가다 결국 1989년 천안문 사건이 발생하였고 중국 정부에 의해 무력으로 진압하였다.

천안문 사건을 계기로 공산당 지도부는 도시 지역의 정치적 위력을 실감하고 도시 지역의 불만으로 인한 정치적 사건이 다시 발생하지 않도록 도시 지역 주민의 생활 수준을 높이는 일에 개혁의 힘을 집중시키기로 하였다.

90년대 도시 지역 개혁이 가속화되면서 도시 지역을 혜택을 입었지만 농촌 지역은 발전이 정체되었다. 농촌 노동력이 도시로 이탈하는 것을 막았던 호구제가 사실상 완화됨에 따라 농촌 인구의 도시 이주가 가속화되었고 상대적으로 농촌은 정체 상태에 머무르게 되었다. 또한 이주 노동자의 가족은 계속 이주 금지함으로써 사실상 도시 정부가 부담해야 할 복지 비용을 농촌 지역의 부담으로 계속 남겨 놓았다. 그리고 공산품 가격은 자유화하면서 곡물 가격은 국가의 계획 아래 제한하여 농촌 주민들의 소득 증대가 도시 주민들에 비해 상대적으로 어렵게 되었다.

여기에다 차별적인 주택 정책은 농촌 거주민과 도시 거주민의 소득 격차를 더욱 벌려놓는 계기가 되었다. 1998년 국유 기업 관리를 받던 주택이 민영화되면서 도시 지역 가구들이 막대한 부동산 차익을 얻게 되었다. 2003년에는 도시 지역 거주민에게는 제한 없는 부동산 소유권과 담보 대출권이 주어진 반면 농촌 주민에게는 그러한 권리가 주어지지 않았다. 결국 도농간 소득 불평등은 더욱 심화되어 도시 소득 수준이 1980년 농촌 대비 2.2배였던 것이 2003년에는 3.2배로 늘어났다.

2002년 이후 후진타오 주석과 원자바오 총리는 농촌 지역 소득 향상을 위해 힘써서 곡물 수매가 인상, 농산물 부과 세금 폐지, 농촌 사회 기반 시설 및 식품 가공 공장에 대규모 투자 , 농촌 사회 보장 시스템 재건, 농촌 주민 9년 무상의무교육 실시, 기본 건강 보험 제공 협동 의료 시스템 도입, 최저 임금 보장제 도입, 농민 대상 연금 제도 도입 등을 도입하였다. 이런 정책들은 효과가 있어서 긍정적 변화가 일어났다.

도시 대비 농촌 평균소득 비율이 떨어지는 추세에 있다. 2007년 3.3배를 기록한 이후 계속 내려가는 추세를 보여주고 있다. 농민들의 의료 보험 가입 비율 역시 2000년 13%에 불과하던 것이 2013년에는 모든 농촌 주민이 보험 소유하게 되었다. 연금은 농촌 주민의 약 40%(2억 4천만 명)가 가입하였고 농산물의 부가가치 성장률도: 1997-2003년까지 연간 3% 미만이었으나 그 이후 2013

년까지 연간 5%로 증가하였다.

후진타오-원자바오 지도부는 농촌 개혁에 있어서는 위에서 언급한 정책들을 시행하여 여러 가지 정책 효과를 거두었고 농촌 기본적인 수준이나마 사회안전망을 구축하는 성과를 거두었다. 또한 농촌 개혁으로 절대 빈곤 수준이 매우 낮아졌다. 세계은행에 따르면 1981부터 2011까지 중국의 절대 빈곤 인구는 8억 4천만명에서 8천4백만명으로 대폭 줄어들었다. 이는 전체 인구 대비 84%에서 6%로 낮아진 것이다. 농촌 주민의 삶의 수준이 향상된 것을 여실히 보여주는 예라 할 수 있다.

[표10] 중국의 빈곤 감소 노력에 따른 진척 상황 : 인구 수 및 전체 인구 대비 일일 1.25달러 미만으로 생활하는 인구의 비율(구매력 평가 지수 2005년 달러 기준)

연도	인구수(100만 명)	전체인구 대비
1981	840	84
1990	689	61
2002	359	28
2011	84	6
30년간 감소폭	-756	-78pp

출처 : 세계은행 빈곤 및 평등 데이터뱅크[20]

20) <127가지 질문으로 읽는 중국경제> 아서 크뢰버, 63쪽 재인용

4.6 중국의 특징적 요소 : 지방분권과 규모

중국의 경제 발전 과정에서 다른 나라에서는 찾아보기 어려운 독특한 요소들이 작용했다. 그러한 요소들로는 중국 정치 체제에서의 지방 분권 체제, 광대한 영토와 거대한 인구로 상징되는 규모이다. 이러한 요소들이 어떻게 경제 발전에 영향을 끼쳤는지 알아 보는 것은 중국 경제를 이해하는 데 도움이 된다.

중국은 세계 1위의 인구 대국(14억)이고 영토 크기는 세계 3-4위 수준이다.

중국 인구와 관련하여 원자바오 총리는 "어떤 문제라도 거기에 중국의 인구 수를 곱하면 그 문제는 아주 큰 문제가 된다. 하지만 중국의 인구 수로 문제를 나누면 아주 작은 문제가 된다."라고 한 바 있다. 이는 중국이 직면하고 있는 문제(환경 오염, 실업, 사회 불안 등)는 중국의 규모로 인하여 거대하지만 한편으로는 이를 해결하기 위해 동원할 수 있는 자원의 규모도 그에 상응할만큼 어마어마하다는 뜻이다. 또한 규모에 상응하는 정책을 수행할 때 발생할 수 있는 낭비 또는 비효율성은 사실 시각을 달리하여 바라볼 필요가 있다. 기본적인 인간의 욕구를 해결하는데 있어 낭비와 비효율이 발생할 수 있으나 중국 정도의 규모에서는 그러한 낭비와 비효율성은 전체 규모의 거대함으로 인해 큰 문제가 되지 않을 수도 있으므로 크게 확대하여 해석할 필요가 없는 경우가 많다는 뜻이다. 사실 중국 만한 규모의 인구를 대상으로 하나의 정책을 집행하는 예가 세계 역사에 어디 있겠으며 그러한 경험을 가진 정치 지도자가 몇이나 되겠는가? 예를 들어 2000년부터 2010년 사이에 필요한 신규 일자리는 2,000만 개였고 지어야 할 도시 주택은 800만 호였다.[21] 이는 각각 오스트리아 인구 전체, 미국의 6배에 해당하는 수치이다. 이러한 어마어마한 목표를 달성하기 위해서 정책을 집행할 때 발생할 수 있는 비효율성은 전체 규모에 비하면 큰 문제가 되지 않는다는 것이다.

중국은 지금까지 이러한 거대한 규모를 바탕으로 특정 자원의 효율성을 최대화하는 것을 경제 목표로 삼기보다는 거대 규모의 자원을 동원하는 것을 경제 목표로 삼아 왔다. 이는 선진국과는 다른 점이기도 하다. 중국은 또한 규모 때문에 질적 성장보다는 양적 성장을 선택했다. 그러나 중국의 고속 성장 시대가 끝나간다는 신호가 나타나고 있으며 중국 지도부는 효율성 중심의 질적 성장으로 전환하는 것을 모색하고 있다.

중국의 규모는 새로운 정책 집행을 통해 경제 발전을 꾀하는 과정에서 상당히 유리한 요소로 작용하였다. 즉 새로운 정책을 전국적으로 집행하기 전에 미리 대규모 인구와 지역을 대상으로 테스트해 볼 수 있다. 중국에는 31개의 성급 관할권[22]이 있는데 각 관할권은 평균 인구가 4500만 정도로서 우리 나라나 스페인 인구

21) <127가지 질문으로 알아 보는 중국 경제> 46쪽

22) 22개 성, 5개 자치구, 4개 직할시

와 맞먹는다. 각 성은 또 대부분 우리 나라보다 면적이 크다. 따라서 중국은 새롭고 혁신적인 정책이나 전략을 시행할 때 미리 거대한 인구와 지역을 대상으로 유의미한 실험을 해 볼 수 있는 것이다. 이는 경제 운영에 있어 혁신과 안정을 동시에 취할 수 있는 천혜의 조건으로 작용한다.

각 관할권은 중앙 정부 아래 있으며 중앙집권화된 체제 안에서 운영되기는 하지만 전통적으로 상당한 자율성을 인정받고 있다. 즉 중국은 일반적으로 생각하는 것보다 지방 분권 정도가 강하다. 국가 운영을 공산당이 독재적으로 주도하기 때문에 지방 정부는 중앙 정부와 공산당의 권력에 완전히 종속되어 있는 것으로 생각하기 쉬우나 지방 정부는 중앙 정부가 제시한 큰 방향성에서 벗어나지 않는다면 나름 독자성을 가지고 정책을 운용할 수 있는 권한이 있다. 각 성급 관할권은 성 지도자의 재량에 따라 스스로에게 적합하다고 생각되는 방식으로 운영될 수 있는 것이다.

그러면 중국의 경제 개발 과정에서 지방 분권은 어떤 영향을 미쳤을까? 긍정적인 측면과 부정적인 측면으로 나누어 생각해 볼 수 있다.[23]

먼저 긍정적인 측면으로는 분권화된 권한을 이용하여 특정 지역에서 새로운 정책을 시험 운용해 볼 수 있다. 이때문에 새로운 정책안이 비교적 대규모로 미리 실험될 수 있고 실험이 실패하더라도 국가 전체적으로는 큰 타격을 입지 않을 수 있다. 그래서 중

---

23) <127가지 질문으로 읽는 중국경제> 아서 크뢰버, 159-164쪽

국은 시행착오를 통해 정책을 수립해 갈 수 있었다.

중앙 정부는 이와 관련하여 적극적으로 행동하는 경우도 있고 소극적으로 움직일 때도 있다. 전자는 중앙 정부가 입안한 정책을 특정 지역에 먼저 실시해 보는 경우이다. 대표적인 사례로 1980년대의 경제 특구 정책이 있다. 중국은 1980년 개혁 개방을 통한 경제 발전 전략의 일환으로 경제특구 정책을 시행했다. 경제 특구는 주로 외국의 주요 산업 도시와 가까운 거리에 있는 지역을 위주로 지정되었다. 경제 특구는 새로운 정책이 실험되는 폐쇄적인 실험장이자 중국과 외부 세계가 접촉하는 중간 지대의 역할을 하였다. 즉 새로운 정책 실험의 성공 여부에 관계없이 중국 전체는 안정적으로 운영될 수 있으며 실험이 성공할 경우에는 학습해야 할 모범 사례가 되어 전국적으로 정책을 확대하면 되는 것이었다. 경제 특구의 가장 성공적인 사례는 역시 선전시였다. 1980년 인구 30만에 불과한 어업 마을이었던 이 지역은 2000년대 이후 인구 1,000만의 도시로 발전하였고 개혁 개방 정책 성공의 상징이자 중국 경제 발전의 상징인 도시가 되었다. 한편 중앙 정부가 지방 정부와 관련하여 소극적으로 움직이는 경우는 특정 지역의 정책 관행이 중앙 정부의 기준에서 벗어나 있다 하더라도 중앙 정부는 대체로 묵인해 주는 경향이 있다. 이는 혹시 있을지 모를 정책의 혁신성을기대하기 때문이다. 전자든 후자든 좋은 결과가 나타나면 정책을 전국적으로 확대한다. 이렇게 대규모 정책 실험이 가능하다는 사실은 중국 경제 발전의 중요 요소였다.

부정적인 측면은 경제 활동이 지나치게 분산되어 지방 정부의 활동에 대한 책임을 묻기 어려운 상황이 자주 발생한다. 또한 80년대 초부터 실시한 지방 공무원 인센티브 제도(국내 총생산의 최대화, 사회 안정성 유지에 대한 기여를 기준으로 보상), 자본 축적을 경제 효율보다 우선시하는 경향 등은 경제에 좋지 않은 결과를 낳았다.

또한 지방 정부는 자율성을 가지고 정책을 수립하고 실행할 있었으나 그 정책이 국가 전체의 전략이나 방향과 조화를 이루는지에 대해서는 크게 염두에 두지 않았다. 예를 들어 자동차 산업 같은 경우 애초의 중앙 정부 계획은 3대 업체를 양성하여 집중 생산하도록 하는 것이었으나 실제 집행 과정에서 지방 정부들은 자기 성의 업체들을 설립하여 독점적 지위를 부여하고 다른 성의 업체에서 만든 자동차들은 자기 성에 들어오지 못하도록 하였다. 결과적으로는 환경 오염만 가중시키고 기술력 있는 업체를 양성하여 자동차 산업을 일으키겠다는 큰 목표는 사라져 버리고 말았다.

지방 정부의 공무원들은 성과가 분명히 나타나는 자본집약적 산업 및 사회기반 시설 건설에 집착하였고 부정적인 지표로 작용할 적자 기업 퇴출에는 대단히 소극적이었다. 자본집약적 산업과 사회기반 시설 건설은 성과를 명시적으로 보여 줄 수 있어 승진과 인센티브 획득에 유리했고 국내 총생산량에 즉각 반영되기 때문이다. 부실 기업 퇴출에 있어서도 지방 공무원들로서는 경제적 실익에 상관없이 계속 공장을 운영해야 할 이유가 있었다. 만약 부실 기업을 퇴출시키고 공장 가동을 중단시키면 곧바로 국내 총생산 지표에 마이너스 요인으로 작용할 것이고 노동자들을 실업자가 되게 하는 순간 사회 불안을 야기한 것처럼 비쳐질 가능성이 높기 때문이다. 또 지방 공무원들은 토지, 전기 등 공공 설비를 통제할 수 있고 은행 차입에 영향력을 행사할 수 있으며 특정 업체의 물품을 구매하도록 강제할 수도 있다. 이런 권한들을 이용하여 전체 경제의 생산성에 관계없이 거래 장벽을 세워 경쟁자 유입을 차단하고 시장에서 독점적 지위를 누리도록 할 수도 있다. 지방 공무원들이 부실 기업을 철저히 퇴출시키지 못하고 유지시켰기 때문에 과잉 투자가 나타나고 영세 업체들이 난립하는 현상을 초래했다. 가장 상징적인 예로 중국의 자동차 산업을 들 수 있다. 현재 120개의 업체가 존재하고 있고 부단한 통합 정책 시행에도 불구하고 군소 업체 수준의 기업들이 난립하고 있어 세계적인 경쟁력을 갖춘 업체가 배출되지 못하고 있다. 중국 경제는 가능한 한 많은 자본을 축적해야 하는 단계에서 기존의 모든 자원을 가지고 최대한의 수익을 얻어내야 하는 단계로 들어갔다. 그러므로 효율보다 성과를 중시하는 지방 정부의 인센티브 제도도 바뀌어야 할 것이다. 또한 지방 정부의 정책과 중앙 정부의 전략이 잘 조화를 이룰 수 있도록 조정해 나가는 것이 매우 중요하다.

4.7 경제적 부상의 의미

중국이 경제적 부상은 어떤 의미를 가질까. 조영남 교수는 다음과 같은 의미를 제시했다.[24]

1) 세계의 시장

중국이 경제적으로 발전함으로써 세계 주요 국가들이 상품을 팔 수 있는 세계 최대의 시장 역할을 할 수 있다. 이에 따라 중국 시장을 통해 경제적 이득을 얻기를 원하는 국가들은 점자 중국에 대한 무역 의존도가 지속적으로 높아진다. 무역 의존도가 높아지면 경제 관계에서의 힘의 균형이 한 쪽으로 기울게 되고 이런 경제 관계에서의 힘의 우열은 곧바로 정치적 영향력으로 전환될 가능성이 높다. 우리 나라는 최근 사드 배치 문제와 관련하여 이를 경험한 바 있다. 중국이 현재와 같은 추세로 계속 경제가 성장한다면 2025년이든 2030년이든 언젠가는 모든 분야에서 세계 최대의 시장이 될 것이고 또 언젠가는 미국과 동등한 경제적 힘을 가진 나라가 될 것이다.

세계의 시장으로 기능한 국가와 그렇지 않은 나라는 어떤 차이가 있을까? 미국의 경우는 세계의 시장으로 기능하여 세계의 리더가 되었다. 경제력과 군사력 그리고 소프트 파워을 갖춘 세계

24) 조영남 <용과 춤을 추자> 67-76쪽

시장의 역할을 하면서 유럽 각국과 아시아 주요국에 시장을 제공하여 이윤을 창출해 갈 수 있는 기회를 제공해 주었다. 그러나 일본은 한 때 세계에서 두번째 가는 경제력을 자랑하는 국가였으나 수출 주도형 발전 전략을 추구하면서 경제 규모에 걸맞는 세계 시장 역할을 한 적이 없다. 전범국이라는 역사적 과오가 있고 역사 문제에 있어서 전향적 태도를 보이지 않고 있어 주변국들의 불만을 사고 있으며 미국 일변도의 대외 정책을 펴서 경제 규모에 걸맞는 세계 시장 역할을 하지 않고 있다. 수출 주도형 전략을 바탕으로 자국 시장은 막고 외국 시장에는 적극 진출하여 이득을 얻어 감으로써 주변국들이 적자를 보게 되는 일이 발생했다. 이때문에 한 때 경제 동물(economic animal)이라는 오명을 쓰기도 하는 등 세계 리더가 될 만한 행보를 보여 주지 못했다.

중국은 일단 당노선 변경을 통해 사회주의 현대화 추진(개혁과 개방)(1978), 경제 특구 설치(1980), WTO 가입(2001), 아세안과 FTA(2002) 등 일련의 개혁 개방 정책을 시행하여 경제 발전을 이루어 영향력을 넓혀 가고 있다. 과거 미국, 일본의 경제 파트너였던 아세안과의 무역 규모가 미국과 비슷해졌고 미국의 안보 협력국(일본, 한국, 필리핀, 호주, 싱가폴, 태국)의 중국 무역 의존도도 크게 증가하고 있으며 일본의 경우 2011년 중국 시장 비중이 19.7%(미국 16.4%)로 상승하여 중국을 향한 유화 정책을 펴지 않을 수 없게 되었다. 이런 기반 위에 향후 중국이 전 세계 국가들이 무역을 펼칠 수 있는 공정한 시장 역할을 하고 매력적인 소프트

파워를 발전시켜 나간다면 중국은 세계의 리더 자리에 한 걸음 더 다가서게 될 것이다.

2) 세계의 투자자

중국은 세계 최대의 외환 보유 국가이다. 이러한 막대한 외환 보유고를 바탕으로 중국은 세계의 투자자 역할을 하고 있다. 중국의 2011년 외환 보유고는 3조 2천억 달러 (동년 한국 GDP는 1조 2천억 달러)에 달하여 이런 자금력을 바탕으로 아시아, 아프리카, 라틴 아메리카 등지에 해외 직접 투자 및 공적 개발 원조를 지속적으로 확대하고 있다. 예를 들어 아프리카와의 경제 교류 관계를 살펴보면 무역량은 2000년 100억 달러에서 2010년 1200억 달러로 증가했고 투자 액수는 2003년 5억 달러에서 2009년 94억 달러가 되었다. 또 공적 개발 원조 자금은 2009년 180억 달러에 이르렀다. 또한 중국은 현재 미국 국채의 최대 매입국이며 유럽 국가들이나 기타 국가에 경제 위기가 발생했을 경우 문제를 해결해 줄 수 있는 능력을 갖춘 주요 국가로 인정되고 있다.

3) 세계의 규칙 제정자

지금까지의 세계 경제 규칙은 미국과 서유럽 국가들이 주도하여 만들었다. 그러나 현재 중국의 경제 성장이 지속되어 세계 최고 수준의 경제력을 갖추게 된다면 막강한 경제력을 바탕으로 중국은 세계 질서에 대한 새로운 규칙 제정자로 등장할 수 있다. 예를 들어 주요 경제 기구 지도자로 중국인이 진출하여(세계은행 부총재-린이푸, IMF 부총재-주민) 국제적 안건에 대한 의결권을 강화했다. 예를 들면 2010년 IMF 서울 회의에서 중국의 의결권이 3.65%에서 6.4%로 상승하여 세계 3위의 위상을 갖게 된 바 있다. 앞으로는 경제 기구 뿐만 아니라 경제력을 바탕으로 전 분야에 걸쳐 영향력을 높여갈 것으로 보인다.

5. 중국과 세계

5. 중국과 세계

5.1 중국과 미국

중국과 미국은 초기에는 이데올로기적, 국제정치적 요인에 의해 대립 관계를 형성했다. 공산당과 국민당이 내전을 벌일 당시 미국은 국민당을 지지했기 때문에 공산당으로서는 감정이 좋을 수 없었다. 중화인민공화국 수립 직후인 1950년 한반도에서 한국전쟁이 발발하면서 중국은 북한을 지원하기 위해 참전하였고 자동적으로 미국을 적국으로 하여 전쟁을 치르게 되었다. 이를 계기로 양국 관계는 완전한 대립 관계로 변하였다. 한국전쟁 종전 후 미국은 유엔을 비롯한 국제 외교 무대에서 중국의 활동을 봉쇄하려고 하였다. 그러나 한편으로는 동서 냉전 구도에 따라 양국은 대립을 지속하면서도 한편으로는 대사급 회담을 개최하면서 관계 개선을 위해 꾸준히 협의하였다.

1960년대 후반 중국과 소련은 공산주의라는 이념적 공통점에도 불구하고 관계가 악화되고 분쟁을 거듭하게 되었다. 이때문에 중국의 입장에서는 소련을 견제하기 위해 전략적으로 미국과의 관계를 개선할 필요를 느꼈다. 또 국제 사회에서 활동하기 위해서는 미국과의 관계 개선이 필요했다. 미국의 입장에서는 냉전 구도에서 가장 큰 적인 소련을 견제하기 위해서 중국이 필요했다. 이러한 양국의 필요가 맞아떨어지면서 1972년 당시 미국 대통령이었던 닉슨이 전격적으로 중국을 방문하여 관계 개선을 시도했다.

방문 결과 양국은 양국 관계 정상화와 타이완이 중국의 일부임을 인정하는 내용을 골자로 하는 상하이 공동성명을 발표하고 본격적인 외교 관계를 시작한다. 그러나 상하이 공동성명 발표 후 바로 양국이 수교를 맺은 것은 아니었다. 중국으로서는 가장 예민한 문제인 타이완 문제가 걸림돌이 되어 수교는 지연되었고 상하이 공동성명이 발표된 지 7년 후인 1979년 1월 1일 정식 수교 관계를 맺는다. 수교 당시 미국은 중국만이 유일한 합법 정부임과 타이완이 중국의 일부임을 인정해 주면서 한편으로는 그러한 전제 하에 타이완과의 문화적 안보적 관계를 지속할 수 있게 해 놓았다. 1979년 4월 미 의회는 타이완 관계법을 통과시켜 중국의 '하나의 중국' 정책을 인정하면서도 타이완과의 인적, 문화적 교류를 지속시키고 군사 안보적 개입을 계속 가능하게 하는 법적인 근거를 수립했다.

1980년대 들어서 양국 관계는 레이건 행정부의 타이완 무기 판매로 인해 악화되었다. 이를 타개하기 위해 미국과 중국은 다시 회담을 열어 1982년 중미 공동선언을 발표하고 관계를 복원했다. 중미 공동선언의 내용은 타이완 문제에 대한 중국의 입장을 인정하는 것, 미국과 타이완은 비공식적인 교류를 지속하는 것, 타이완에 대한 무기 판매는 점진적으로 줄여나가되 일정 기간 후에는 완전히 중단하는 것 등이다. 이후 양국 관계는 다시 안정적으로 유지되었고 꾸준히 교류가 이어졌다. 1989년 천안문 사건은 안정적으로 진전되던 두 나라 관계를 다시 악화시키고 말았다. 미국은 천안문 시위대에 대한 중국의 무자비한 유혈 진압을 비난하며 그간 이어져왔던 교류를 동결시키고 경제 제재에 들어갔다. 이에 대응하여 중국 역시 미국을 강경하게 비난하며 제재에 대한 보복 조치들을 이어갔다.

1990년 이후 양국은 다시 관계 개선을 시도하였다. 미국은 실리외교를 바탕으로 중국에 대한 포용 정책을 펴기 시작했고 중국은 개혁 개방 정책을 지속해 나가기 위해서 그리고 천안문 사건 이후 국제 사회에서 직면한 비난 여론 등을 불식시키고 이미지를 제고시키기 위해 미국과 관계를 개선해야 했다. 이후에는 양국은 협력과 대립을 반복하면서도 꾸준히 대화 분위기를 조성하여 1997년 10월 중국 최고 지도자로서는 최초로 장쩌민 주석이 미국을 방문하였다. 장쩌민 주석과 클린턴 대통령은 건설적 전략적 동반자 관계 추진을 위해 노력한다는 데 합의하였고 클린턴은 답방으로 1998년 6월 중국을 방문하였다.

중·미 관계는 1999년 5월 미국을 위시한 NATO의 유고 주재 중국대사관 폭격으로 급속히 냉각되었으나 1999년 9월 중·미 정상회담과 그리고 1999년 11월 중·미 간 WTO 가입 협상의 극적 타결로 관계 복원의 전기가 마련되었다. 2000년대 들어서는 2005년 부시 2기 행정부가 출범하면서 미국 내에서 중국이 부상하면 국제 질서에 불안이 가중될 것이라는 중국 위협론이 대두되기도 했다. 오바마 정부 출범 이후에는 양국관계를 적극적이고, 협력적이며, 포괄적인 관계로 규정하고 세계적인 문제에 공동 대응하는 파트너로서 서로를 인정하고 전지구적인 여러 가지 문제를 해결하는 데 서로 협력해 나가기로 하였다.

시진핑 주석이 집권한 이후 중국은 중 · 미 관계를 가장 중요한 양자관계로 간주하고 있으며, 미국과의 신형대국 관계 구축을 위한 외교 노력을 적극 전개해 나가려고 하였다. 중국은 자국의 경제 발전을 위한 분쟁없는 안정적인 외부 환경 조성 필요성과 중국 특색의 책임있는 대국외교의 실천, 국제사회에서의 영향력 확대 등을 위해 미국과 우호적인 관계를 유지하는 것이 중요하다고 인식하고 있다. 이때문에 인권, 사이버안보, 남중국해 문제 등 미국과 이견이 있는 부분에 대해서는 적절히 관리해 나가는 한편, 기후변화, 이란핵문제, 북핵문제, 전염병, 대테러 등 주요 지역/국제문제에 대해서는 이견을 감소하고 양측 간 협력을 확대하는 전략을 추진하고 있다.

오바마와 시진핑 시대의 미중 관계는 전체적으로 보면 미국의 재균형 전략과 중국의 신형 대국 관계라는 틀에서 살펴볼 수 있다. 미국의 재균형 전략은 이전 중동에 집중되어 있던 외교 역량를 아시아에도 분배하고 군사적인 측면 뿐만 아니라 비군사적인 측면에서도 미국의 영향력을 확대하겠다는 전략이다. 재균형 전략에 따라 미국은 적극적인 중국 포용정책을 전개하였다. 그러나 미국의 포용정책은 국제 문제 특히 기후 문제에 대한 중국의 비협조로 인해 압박 정책으로 변했고 동중국해, 남중국해에서의 중국의 영토 분쟁 문제를 둘러싸고 갈등하기도 했다. 중국은 2012년 시진핑 주석이 미국 방문 시 신형대국관계라는 외교 노선을 천명한 뒤 같은 해 18차 당 대회에서 이를 공식적인 외교 노선으로 채택하였다. 신형대국관계는 중국은 국제 관계에서 미국의 주도권을 인정하고 비군사적인 방식으로만 경쟁을 지속할 것이며 그 대신 미국은 중국의 국제적 위상을 인정하고 호혜적, 평등적 관계를 수립할 것과 중국의 핵심 이익에 대해서는 상호 존중할 것을 요구하는 것을 주 내용으로 한다.

미중 관계의 역사를 되돌아보면 갈등과 화해를 반복하면서도 꾸준히 관계 개선 또는 회복을 위한 대화가 지속되어 왔고 인적, 물적 교류 역시 지속적으로 진행되어 왔다. 시진핑의 신형대국관계 제시에서 볼 수 있듯이 중국의 부상으로 중국과 미국의 관계는 경쟁 관계 속에서도 서로의 일정한 영향력과 지분을 인정하면서 타협과 대화를 지속해 나가는 관계로 발전할 것으로 본다. 그러나 중국이 미국 주도의 국제질서에 대한 도전 세력이고 중국의 부상은 국제 질서를 무너뜨릴 가능성이 있다는 미국 내 우려와 미국의 재균형 정책이 사실상 중국을 압박하고 봉쇄하려는 의도에서 비롯된 정책이라는 중국 내의 인식이 양국관계의 획기적인 발전을 가로막는 근본적인 제약 요인으로 작용할 수 있다.[25]

---

25) <2016 중국개황> 외교부, 80쪽

5.2 중국과 타이완

중국과 타이완은 우리나라와 같은 체제에 의한 분단 국가이다. 국민당과 공산당의 내전 결과 공산당이 승리하여 베이징을 장악하자 국민당 세력은 타이완으로 물러났다. 타이완으로 들어간 국민당 세력은 곧 정권을 장악하고 타이완을 통치하게 된다. 이로써 타이완과 대륙에는 체제가 다른 정권이 들어서서 대립하게 된 것이다. 중국과 타이완은 초기에는 각각 대만 해방과 대륙 수복을 주장하며 무력 충돌도 불사할 정도로 극심한 갈등을 겪었다.

이런 대립 관계는 중국이 먼저 변화를 시도했다. 1979년 중국은 개혁 개방 정책을 시작하면서 경제 발전을 위해 안정된 대외 환경을 원했기 때문에 타이완에 대해서도 평화 공세를 펼쳤다. 중국은 타이완에 대하여 민간 교류 활성화를 위한 3통(3通, 通商 · 通航 · 通郵)과 4류(4流, 경제 · 문화 · 체육 · 과학기술 교류) 그리고 일국양제(一國兩制)를 제안했다. 그러나 타이완은 중국에 대한 불신이 있었기 때문에 삼불(三不, 不接觸 · 不協商 · 不談判)정책을 견지하면서 제안을 거절했다. 그러나 타이완은 곧 이전의 대립적 자세를 바꾸어 1987년 타이완 사람이 대륙의 친지를 만나러 갈 수 있도록 허가해 주었다. 이는 삼불정책을 포기한다는 의미였고 대립적 양안관계를 교류 · 협력 지향의 관계로 바꾸겠다는 의미였다.

타이완의 양안 관계에 대한 태도가 적극적 교류 지향으로 바뀌자 1990년 이후에는 양안 간 교류 협력이 제도화되기 시작했다. 타이완은 1991년 해협교류기금회(海基會)라는 양안 관계 사안 처리 기구를 만들었고 중국도 같은 해에 그에 상응하는 해협양안관계협회(海協會)를 만들었다. 이 두 기구는 이후 타이완과 중국의 교류 협력 사업의 통로가 된다. 1993년 해기회와 해협회의 회장 간의 회담을 계기로 양안은 준공식적 접촉을 시작한다. 이 회담을 회장 왕다오한(汪道涵)과 구전푸(辜振甫)의 성을 따서 일명 왕구회담이라고 한다. 왕구회담은 1999년 리덩훼이의 양국론(兩國論, 타이완과 중국은 별개의 두 나라라는 주장) 주장을 계기로 중단될 때까지 계속되었다. 1990년대에는 두 나라는 구체적인 통일 방법론에 있어서는 달랐지만 1995년까지 안정적인 양안 관계를 이어 갔다.

양안의 통일정책 비교

구분	중국	타이완
원칙	하나의 중국 타이완은 중국의 일부분	하나의 중국- 대륙과 타이완 모두 중국의 영토(대등·존중·호혜)
정책	일국양제, 두 체제 공존 특별행정구 방식	일국양부 또는 중국양부 - 독립적 정치실체 공존 - 대등한 정부·지역 관계(홍콩식 거부)
방식	평화통일, 무력사용 가능성 유보	점진적 평화통일, 제도통일
추진단계	3통(통상, 통항, 통우) 4류(경제, 문화, 과학기술, 체육)	3단계(민간교류 → 정부 간 접촉 → 통일협상)

90년대의 교류 협력 분위기는 리덩훼이의 미국 방문으로 끝이 나고 말았다. 중국의 반대에도 리덩훼이가 미국을 방문하자 중국은 무력 사용 가능성까지 언급하며 비난했고 양안 관계는 급속히 냉각되었다. 이후 리덩훼이가 집권하는 동안 중국은 타이완에 대해 강성 기조를 이어갔다.

타이완은 지도자의 성향과 비전에 따라 대륙 정책에 큰 편차가 있었다. 반면 대륙은 덩샤오핑의 일국양제 통일 방식이 확고하게 자리잡고 있어 지도부에 상관없이 대체로 일관성이 있다. 양안 관계에 영향을 미치는 변수는 중국, 타이완 그리고 미국이다.[26]

1) 중국

중국은 양안의 군사안보 신뢰 메커니즘을 구축하여 양안의 정세를 안정시키고 협상을 통해 양안의 평화적 합의를 달성함으로써 양안 관계를 평화적으로 발전 통합시키는 데 주력할 것이다. 이는 경제 협력, 인적 · 문화적 교류를 증대하여 민족적 공감대와 정체성을 강화함으로써 궁극적으로 중화민족공동체를 건설하려는 것이다.

2) 타이완

타이완은 국제적 입지가 매우 좁아져 있으므로 양안 관계의 평화가 현실적으로 필요하다. 이때문에 여러 형태로 중국과 교류하

26) <차이나 핸드북> 성균중국연구소, 230-232쪽

지만 근본적으로는 하나의 중국 원칙에 대한 불만이 있고 타이완의 국가로서의 독립적 지위 확보에 대한 욕구가 있다. 그렇다고 극단적으로 독립 대 통일의 구도로 양안 관계를 바라보지는 않고 현실적인 자세로 독립 문제는 장기적 문제로 유보해 둔 채 현실적 평화와 공영을 선호한다. 그러나 내부의 정치 상황, 중국의 정책 변화, 주변 정세의 변화에 따라 언제든지 독립 의지가 표출될 가능성이 있다.

3) 미국

미국은 현실적으로 중국의 군사적 위협과 타이완의 독립 요구를 모두 거부하는 태도를 취할 수 있다. 미국은 타이완의 경제 성장과 민주화를 중시하여 타이완을 지지하면서도 그들의 독립 요구에 대해서는 중국과의 관계 훼손을 염려하여 무조건 지지할 수도 없다. 그래서 한편으로는 중국식 통일을 막고 또 한편으로는 타이완의 독립 의지를 억제하는 전략을 사용할 수 있다. 중국과 타이완은 언제나 통일과 독립에 대한 상반된 의지가 잠재해 있으므로 양안의 정책 추진 과정에서 언제든지 관계가 요동칠 수 있다. 만약 그러한 경우에 미국이 중국을 견제하기 위한 수단으로 타이완 문제에 접근한다면 양안 관계는 물론 중국, 타이완, 미국 간 삼각 관계에도 심각한 악영향을 줄 수 있다.

5.3 한중 관계

한국과 중국은 1992년 수교와 함께 선린우호관계를 맺은 이후 지속적으로 접촉하면서 관계를 격상시켜 왔다. 1998년에는 김대중 정부와 장쩌민 정부 간에 협력동반자관계를 맺는 데 합의했다. 이때부터 한국과 중국은 동반자 수준의 외교 관계를 맺게 된다. 2003년에는 노무현 정부와 후진타오 정부가 전면적 협력동반자관계를 맺었고 2008년에는 후진타오 정부와 이명박 정부가 전략적 협력동반자관계로 외교 관계를 격상시켰다. 전략적 관계 하에서 양국은 지역 문제나 국제 문제에 대하여 전략적으로 협력할 수 있다.

[표 10] 수교 이후 한중 간 파트너십

구분	시기	중국	한국	특징
선린우호관계	1992	개혁개방정책의 재개, 중간기술확보의 필요, 대만에 대한 압력	북방외교, 국제적 지위 확보	한중 수교 노태우-장쩌민 정부
협력동반자관계	1998	책임대국론 제시, 미국의 일방주의 견제 필요, 다극화 전략	새로운 대북정책, 경제협력의 필요	장쩌민 체제의 공고화, 김대중 정부
전면적협력동반자관계	2003	평화부상, 평화발전, 6자회담 주도	북핵 문제 해결 필요, 균형자 외교	후진타오 1기 체제, 노무현 정부

전략적협력 동반자관계	2008	한미동맹에 대한 상쇄, 조화외교, 소프트파워 외교	한미동맹 강화	후진타오 2기 체제, 이명박 정부
전략적협력 동반자관계(?)	2013	동아시아 지역주의 강화, FTA	한중 관계 강화, 중국과 북한 관계	박근혜 정부

출처 : 차이나 핸드북 471쪽

한국과 중국은 경제 교류 관계에 있어서도 비약적인 발전을 이루었다. 그러한 발전을 이룰 수 있었던 요인으로는 첫째, 항공이나 선박으로 불과 2-3시간 내에 접근할 수 있을 정도로 지리적으로 인접해 있는 점, 둘째 경제적으로 상호 보완성이 있다는 점, 세째 오랜 기간 동안 문화적으로 교류해 왔고 동일 문화권 내에 있어 문화적으로 유사하여 인적 교류와 접근이 쉽다는 점 등을 들 수 있다.

한중 수교 이후 2015년 기준으로 경제 교류 관계를 살펴보면 교역액은 2,273억 불로 1992년 수교 당시에 비해 36배나 증가했고 대중국 실제투자는 28.5억 불이었고 대중투자 누계액(한국 통계 기준)은 521억 불로, 한국은 중국의 제3위 투자대상국이었다. 또 양국 상호 방문객은 1,043만 명, 항공편은 한국 7개 도시와 중국 30여 개 도시간 90개 노선 주 1,230회 운항 중이다.

이와 같은 활발한 경제 교류 협력을 바탕으로 한·중 양국은 2015년 한·중 FTA를 체결하였다. 이로써 새로운 한·중 경제협력 발전을 위한 제도적 기반을 마련하고 전략적 협력동반자 관계를 한층 더 내실화하게 되었다.

참고한 책과 자료

<127가지 질문으로 알아보는 중국경제> 아서 크뢰버, 도지영 역, 2017, 시그마북스

<차이나 핸드북> 성균중국연구소, 2014, 김영사

<20세기 중국사> 알랭 루, 정철웅 역, 2010, 책과함께

<용과 춤을 추자> 조영남, 2013, 한길사

<개혁과 개방:덩샤오핑 시대의 중국> 조영남, 2016, 민음사

<중국이라는 불편한 진실-신자유주의의 대안이 될 수 있는가> 이종민, 2017, 서강대출판부

<현대 중국의 이해> Kerry Brown, 김흥규 역, 2014, 명인문화사

<한권으로 읽는 중국> 이익희, 임대근 외, 2003, 일빛

<2016 중국개황> 대한민국 외교부, 2017

<중국어의 비밀> 박종한 외, 2012, 궁리

'중국제조 2025 추진 배경과 중점 분야' 펑페이, 2015 제3회 한중경제포럼, 2015. 6월

'중국제조 2025 문건의 내용 및 평가' 대외경제정책연구원, KIEP 북경사무소 브리핑 2015년 6월

'연결되는 공장, 중국제조 2015' 최해옥, 과학기술정책 26호, 2016

김영찬

서울대학교 중어중문학과 박사
중국언어학 및 음운학 전공
동의대학교 중국어학과 교수

현대중국 이야기

초판 1쇄 발행 _ 2018년 2월 28일

저 자 • 김 영 찬
발 행 인 • 정 현 걸
발 행 • 신 아 사
인 쇄 • 대명프린팅
출판등록 • 1956년 1월 5일 (제9-52호)
주 소 • 서울시 은평구 통일로 59길 4(2층)
전 화 • 02)382-6411 · 팩스 02)382-6401
홈페이지 • www.shinasa.co.kr
E-MAIL • shinasa@daum.net

ISBN 978-89-8396-260-7(93340)

정가 12,000원

프라임 동의 인문교양 총서
이 저서는 교육부의 산업연계교육활성화선도대학(PRIME)사업 사업비를 지원받아 집필한 저서임